윤해중의 30년 중국 외교 발자취

한중 수교
밑뿌리 이야기

윤해중 지음

이지출판

한중 수교 밑뿌리 이야기
윤해중의 30년 중국 외교 발자취

펴낸날	초판 1쇄 2012년 8월 24일
	초판 2쇄 2013년 1월 5일

지은이	윤해중
펴낸이	서용순
펴낸곳	이지출판

출판등록	1997년 9월 10일 제300-2005-156호
주 소	110-350 서울시 종로구 운니동 65-1 월드오피스텔 903호
대표전화	02-743-7661 팩스 02-743-7621
이메일	easy7661@naver.com
디자인	박성현
마케팅	서정순
인 쇄	네오프린텍(주)

ⓒ 2012 윤해중

값 15,000원

ISBN 978-89-92822-84-8 03340

※ 잘못 만들어진 책은 바꿔 드립니다.

이 도서의 국립중앙도서관 출판시도서목록(CIP)은 e-CIP홈페이지(http://www.nl.go.kr/ecip)와 국가자료 공동목록시스템(http://www.nl.go.kr/kolisnet)에서 이용하실 수 있습니다.(CIP제어번호: CIP2012003530)

윤해중의 30년 중국 외교 발자취

한중 수교
밑뿌리 이야기

서문

　　지금으로부터 20년 전인 1992년 8월 24일, 대한민국과 중화인민공화국은 역사적인 외교관계를 수립하였다. 이 한·중 수교는 한국전쟁에서 서로 교전을 하고 30년간 완전 단절상태에 있던 두 나라가 상이한 체제와 이념을 극복하고 대등한 국가관계를 형성했다는 데 큰 의의가 있다.

　또한 이 수교를 통해 중국은 1989년 톈안먼(天安門) 사건으로 서방으로부터 경제 봉쇄를 당하고 있던 상황에서 한국의 투자유치 및 선진기술 등을 얻을 수 있게 되었고, 한·타이완 간의 단교로 타이완의 국제적 고립을 심화시켰다. 한국은 북한의 혈맹국인 중국과의 수교로 북한의 국제적 입지를 약화시키는 동시에 13억이라는 거대한 무역시장을 본격적으로 개척할 수 있게 되었다.

　한·중 수교의 실현은 양국 관계 발전과 수교 협상에 직간접적으로 참여한 여러 선후배와 동료들이 열정을 가지고 최선을 다한 결과이자 일치된 노력의 산물이었다.

　수교 20년이 된 지금, 수교 직전 양국의 긴박한 협상 과정과 수교 이후 양자 관계의 발전을 다룬 기록이나 출판물이 적잖게 발표되었다. 하지만 수교 훨씬 이전 단계인 1970년대 초 냉전구조가 완화되면서 양국 간에 전개되기 시작한 교류와 협력 과정에 대해서는 아직 상세하게 정리되지 못한 채 남아 있는 것 또한 사실이다.

나는 38년간 외교관 생활 중 한국과 중국의 관계 단절상태에서부터 외교부 중국 담당과장(동북아2과장) 두 차례와 홍콩, 상하이, 베이징, 타이베이 등 중화권 공관에서 17년간 근무하면서 한·중 수교를 목표로 열정과 사명감을 가지고 일해 왔다. 특히 미수교 상태에서 1990년 베이징아시아경기대회 한국대표팀 참가를 위한 연락관 업무수행과 주베이징 대한민국 무역대표부 창설 요원, 정무담당 실무책임자로 활동하였고, 한·중 수교로 타이완과 단교된 이후 주타이베이 대표부 대표로 3년간 일하며 남다른 체험도 했다.

이러한 점을 의식하고 그동안 주변의 많은 선후배와 동료, 지인들이 한·중 관계 발전을 위해 노력한 한 사람으로서 무언가 의미 있는 일을 해야 하지 않겠느냐는 우정 어린 충고를 해 왔으나 부족함이 많음을 느끼고 극구 사양해 왔다.

그러던 중 금년 한·중 수교 20주년을 맞이하여 언론기관에서 수교 특집 관련 인터뷰 제의를 받은 후, 갈수록 기억력도 흐려지는데 후배 외교관과 후학들을 위해 미력하나마 체험적인 기록을 남겨야 되지 않겠느냐는 소명의식에서 용기를 내게 되었다. 그리고 중국과의 수교로 단교상태가 된 타이완에 가서 역설적으로 관계 복원을 위해 애썼던 입장에서 보다 균형 잡힌 시각을 갖고 서술할 수 있을 것이라는 자신감도 생겨났다.

수교 직전, 직후 기록에 대해서는 한·중 외무장관의 회고록을 기준으로 하여 정책 입안자 또는 정책 집행자로서 현장 체험한 바를 기억 속에서 되살리는 방식으로 정리하였다. 또한 향후 양국 관계가 많은 갈등 속에 교류와 협력을 이어가야 할 것으로 전망되면서 정치, 경제, 외교안보, 사회문화 등 여러 방면의 대중국 협상 과정에서 체험한 전략, 협상 노하우 등도 소개했다. 그동안 신문 등 언론이나 서적 등 다양한 출판물을 통해 잘 알려진 수교 관련 내용은 가급적 간단히 언급하고 널리 알려지지 않은 내용을 위주로 담았다.

이 책이 나오기까지 많은 이들의 도움을 받았다. 우선 기록을 남기도록 누차 권유한 외교통상부의 선후배, 동료, 친구들에게 감사한다. 연합뉴스의 홍덕화 기자(북한부 부장급)와는 9·21 타이완 대지진 발생 때 취재차(당시 홍콩특파원) 방문했던 것이 인연이 되어 수시로 중국에 관한 대화를 지속해 왔으며, 이 책이 나올 수 있도록 자료 수집과 정리, 기록 등 적극적인 도움과 격려를 해 주신 데 대해 특별히 감사드린다. 또한 바쁜 가운데도 귀한 의견을 주신 한용섭 국방대 부총장님께 감사드린다. 그리고 뒤에서 말없이 내조해 준 아내 김명희에게 감사한다.

마지막으로 여러 국내외 인사들에 대해 기술하면서 자칫 오해를 사거나 감정을 상하게 하는 부문이 있지 않을까 매우 염려하며 조심하였다. 그럼에도 혹시 살피지 못한 부분이 있다면 이는 전혀 의도적인 것이 아니었음을 밝히며 널리 이해해 주시기를 바란다.

2012년 8월 24일
한·중 수교 20주년을 맞이하며
윤 해 중

차례

서문 4

제1장 중국과의 인연 12
China Watching Post 홍콩 | 고 함병춘 대통령비서실장의 충고

제2장 수교 이전 비정치 분야의 접촉과 교류

- 실질적인 교류 확대를 탐색하다 18
  6·23선언을 통한 대중국 문호 개방 | 불발로 끝난 대중국 접촉 시도 | 싱가포르에서 중국어 공부를 계속하다 | 중국 담당과장 보임과 한·중 비정치 분야 교류 증대

- 뜻밖의 공식접촉(중국 민항기 피랍과 해군 어뢰정 선상 난동사건) 24
  외교의 불시착 | '우연'이 만든 한·중 수교 주춧돌 | 또 다른 중요한 계기 | 한·중 상설 대화 창구 개설 시도

- 문은 닫아두되 빗장은 내리지 않는 관계 30
  또 하나의 China Watching Post 일본 | 일본 내 중국 전문가들과의 만남 | 중국 외교부 국제문제연구소 타오빙웨이 학술위원과의 만남 | 중·일의학교류협회 지회장 박순자 여사와의 인연

- 서울 국제경기대회에 참가한 중국 대표단 36
  두 번째 중국 담당과장을 맡다 | 88서울올림픽대회에 중국팀을 참가시켜라 | 대한민국 외교관 여권으로 베이징 WHO 지역 총회에 가다 | 과거에 멈춰 있는 시내 풍경 | 베이징에서 청나라 정통요리를 | 완리 부총리의 건강유지법 | 중국 도우미들의 탁월한 영어 구사력 | 골프 치는 자오쯔양 총리 | 중국 외교부 간부 서울국제회의 참가 | 90년 베이징아시아경기대회 한국 대표단 연락사무소 설치 양해

- 산둥 성 무역대표단 상호 방문으로 직교역 실현 51
  중국 정부, 산둥 성과 한국과의 경제·무역·문화 교류 허용 |
  한국 관·민 무역대표단 산둥 성 방문 | 산둥 성 무역대표단 한국 방문

- 한국 관·민 경협대표단 베이징, 랴오닝 성 방문 58
  IPECK 대표단 베이징, 랴오닝 성 방문 | 중국 룽이런 회장, 경협차관
  가능성을 타진하다 | 리창춘 랴오닝 성 성장 예방 | 중국 CCPIT 회장,
  한국 코트라 간 무역사무소 설치 제의

- 한·중·일 3자 회담과 한·중 양자 어업회담 65
  도쿄에서 열린 한·중·일 어업회담 | 서울에서 한·중 어업회담을 갖다 |
  베이징 회담과 톈안먼 시위현장 | 중국 연안지역 어업시설 시찰 |
  선전을 거쳐 홍콩으로 돌아오다

- 톈안먼 사건으로 일시 중단된 양자 접촉 75
  홍콩에서 중국 내부 동향 파악에 주력하다 |
  톈안먼 사건에도 불구하고 중국에 진출한 기업들

제3장 한·중 수교와 타이완의 반발

- 1990년 베이징아시아경기대회 참가와 무역대표부 교환 합의 80
  베이징아시아경기대회 관련 각종 회의 참가하다 | 중국에 최초로 상주한
  한국 외교관 | '미수교'라는 핸디캡을 극복하다 | 베이징에서 잘나가던 한국
  음식점 | 베이징아시아경기대회를 적극 지원한 기업들 | 아시아경기대회를
  성공적으로 개최한 베이징 시 | 갑자기 찾아온 건강 이상

- 한·중 무역대표부 상호 개설 90
  베이징에 창설한 대한민국 무역대표부 | 타오빙웨이 학술위원과의 해후

- 중국, 홍콩, 타이완 APEC 가입과 중국 외교부장 첫 방한 98
  한·중 양자, 다자 접촉 신경전 | 류화추 중국 외교부장의 방한 |
  첸치천·리란칭 심야 공항 영송 | 이시영 대사 방중과 한·중 조기 수교 필요성
  제기 | 중국 민항총국 건물에서 벌어진 에피소드 | 건강을 위해 시작한
  타이지취안(太極拳) | 외무부 아주국 심의관으로 귀국하다 |
  첸치천 중국 외교부장이 밝힌 비사

- 한국 외무장관 최초 방중과 수교회담 개시 112
  한·중 항공, 어업 실무회담 개최 | 한·중 수교회담 타결

- 타이완의 수교 저지 외교에 대한 대응 117
  신임 주한 타이완 대사 부임과 한·중 수교 저지 | 타이완 총통 특사, 수교 저지를 위해 방한 | 한·중 수교에 대한 타이완의 자세

- 한·중 수교 공동발표와 노태우 대통령 최초 방중 126
  한·중 수교 협정 서명 한국 대표단 일원으로 | 대통령 방중에 맞춰 항공회담을 타결하라 | 중국 외교부, 직접 나와라 | 노태우 대통령의 역사적인 중국 방문

- **한·타이완 비정부 관계 복원 138**

제4장 중국의 경제·문화 중심지 상하이 진출

- 초대 주상하이 총영사로 부임 144
  중국의 경제 중심지이자 항일 유적지가 있는 상하이 | 국산차를 공관장 차량으로 처음 사용하다 | 총영사관 공관 부지 마련 | 상하이 시 주요 지도자와 교분 심화

- 국제금융도시 상하이의 비상 152
  포스코의 상하이 진출 및 투자 지원

- 상하이 임정요인의 유해 봉환과 독립 유적 보존관리 158
  북한을 의식하여 '매헌정'을 '매정'으로

- 김영삼 대통령 등 여야 정치 실세들의 잇단 방문 163
  김명윤 민주평통 부회장 방문 | DJ의 상하이 방문

- 장쑤 성, 저장 성, 안후이 성 방문 168
  한국 기업 유치 열기 | 놀랄만한 과학기술 | 열악한 교통환경 | 양저우에서 받은 국빈대우

- 한밤중의 전화벨 소리 174

- 상하이 시 대외문화교류협회와 협력 양해각서 체결 177

제5장 타이완에서의 색다른 체험

- 주타이베이 대표부 대표로 부임　182
  최대 난제, 복항 문제 | 주요 정부인사의 예방
- 타이완인의 반한 감정 해소의 전기가 된 9·21 대지진 구조　190
  119 구조대원 도착과 인명 구조 | 악감정이 눈 녹듯 녹아내리다
- 한류 확산과 한국 상품 전시회　195
  시너지 효과를 위한 한국 상품 전시회 | 우리 연예인들의 애국적인 팬 사인회
- 리덩후이와 천수이볜 정부의 대한(對韓) 강경책　200
- 천수이볜 총통과의 인연　202
  복항 문제 해결 약속과 정권인수 노하우 전수 요청
- 복항 문제에 관한 천수이볜의 식언　207
- 부산 APEC 정상회의 천수이볜 총통 참석 만류　210
  천수이볜 총통을 예방하다 | 주한 중국대사의 오해
- 닮고 싶은 타이완 기업인 왕융칭　217

제6장 말미에 차 한잔 마시며

- 수교 준비 다 해놓고 왜 그리 갔소?　220
- 인천아시아경기대회 유치를 위한 중국의 지지를 얻어내다　222
- 서희 장군의 외교술을 높이 평가한 DJ　224
- 일본에서 IMF 금융위기를 맞다　226
- 한국 현대차가 독일 벤츠보다 낫다　230

맺는말　233
참고문헌　240

제1장

중국과의 인연

 제1장 중국과의 인연

내가 외교관의 길을 가게 될 줄은 정말 생각지도 않았었다. 서울대 상과대학 입학시험에 낙방하고 재수를 하려고 마음먹고 있었는데 사촌형의 강력한 권유로 한국외국어대 정외과 1기 추가 모집생으로 입학한 것이 계기가 되었다. 그리고 중국과의 인연을 맺은 것도 외무부 입부 3년 만인 1971년 10월 초 첫 해외 근무지인 홍콩 총영사관 부영사로 발령받아 부임하게 되었기 때문이다.

China Watching Post 홍콩

홍콩은 당시 영국의 직할 식민지로서 '죽(竹)의 장막' 중국과 서방 세계 간의 교류 창구였으며 관측 지역(Watching Post)이었다. 중국 정부는 신화사 홍콩 분사(分社)에 대규모 인력을 파견해 두고 있었는데, 신화사는 사실상 공관 기능을 수행하면서 정보 수집과 첩보전을 병행하고 있었다.

식민 종주국인 영국도 고등판무관실에 다수의 MI5(Military

1972년 첫 근무지인 주홍콩 총영사관에서 부영사로 재직시 직원조회 광경. 가운데가 박창남 총영사, 제일 왼쪽 박양천 부영사(외교부 기획관리실장 역임). 제일 우측 필자.

Intelligence 5) 등 정보 요원을 주재시키고 있었다. 미국 역시 총영사관에 국무부, 중앙정보국(CIA) 등 수많은 요원을 파견해 대중국 첩보전의 전진기지로 활용하고 있었다. 구소련이 공관 주재가 불가능한 상황에서 각종 상사와 선박회사 등의 명의로 이념 분쟁으로 관계가 소원해진 대중국 첩보 수집에 열중하고 있었던 것은 공공연한 비밀이었다.

부임하기 2년 전에는 위장간첩 이수근이 북한으로 귀환을 기도했다가 홍콩을 경유해 베트남 공항에서 붙잡혀 강제 송환되기도 했다. 이러한 홍콩에 초급 외교관으로 부임해 일하면서 인접한 미지의 세계인 중국에 대한 관심과 호기심이 날로 깊어 갔다.

그러던 중 1972년 2월 27일 닉슨 미국 대통령이 상하이에 도착하여 저우언라이(周恩來) 수상의 공항 영접을 받고 두 사람이 상하이 코뮈니케에 서명하는 모습을 텔레비전으로 지켜보면서 시대적 전환기가 다가오고 있음을 실감하게 되었다.

당시 일반 텔레비전으로는 중국 뉴스를 청취하기가 불가능했으나 미국 VIS 뉴스에 근무하는 교민의 도움으로 수시로 중국 내 뉴스를 청취했다. 주말이면 중국 접경지인 록마차오(落馬橋) 전망대를 자주 찾아가곤 했다. 망원경에 동전을 넣고 작은 렌즈를 통해 인민공사 협동농장에서 인민복을 입고 일하는 중국인의 모습을 목격하고 깊은 인상을 받기도 했다. "중국이 세계로 나오는구나, 우리에게도 다가오겠구나" 하는 느낌이 강하게 전해져 왔다. 내 마음속에 장차 한·중 관계 개선에 기여해야겠다는 각오와 사명감이 날로 충만해 가고 있었다.

미·중 상하이 코뮈니케(1972. 2. 27)가 발표된 후 1972년 9월 일·중 국교 수립이 합의되는 등 냉전구조가 완화되는 상황이 이어졌다. 한국도 1973년 '6·23선언'을 발표해 중국 등 사회주의국가 등에게 문호를 개방하기에 이르렀다.

사실 나는 한국외대 정외과에 다닐 때 중국에 별 관심이 없어 외무고시 제2외국어도 독일어를 선택하였다. 그런데 중국 관련 업무를 수행하려면 우선 중국어 습득이 절실했으나 홍콩에서는 표준어인 베이징어보다는 방언인 광둥어가 일상적으로 사용되고 있어 언어를 습득하기가 쉽지 않았다. 다행히 난징(南京)중앙대학 출신 교민사업가의 도움으로 타이완 국립사범대에서 발간한 표준어 교재와 녹음테이프를 구입하여 중국어 독학을 시작하였다.

나중에 당시 박창남 총영사 부부의 학구열로 인해 공관에 중국어 강좌가 개설되었으며, 홍콩 중문대 어학연구원에서 초빙한 강사로부터 표준 중국어를 배우게 되었다. 비록 늦게 시작한 중국어지만 열정을 가지고 집중하다 보니 빠른 속도로 실력이 향상되었다.

어느 정도 자신감이 붙게 되자 실제 업무에 활용해 보고 싶은 욕망도 커졌다. 하지만 당시 중국은 문화대혁명이 한창 진행 중이었고 이른바 장칭(江靑), 왕훙원(王洪文), 장춘차오(張春橋), 야오원위안(姚文元) 등 문혁 4인방 체제가 계속되고 있어 우리 문호개방 제의에 호응해 올 기미를 보이지 않고 있었다.

홍콩은 중국에 대한 공개 정보나 자료 구입이 가능하고 추후 중국과의 운명적인 만남을 성사시켜 준 곳으로, 이곳에서의 공관 근무는 내가 향후 차이나 워처로서 성장해 가는 데 큰 밑거름이 되었다.

고 함병춘 대통령비서실장의 충고

1983년 10월 9일에 발생한 미얀마 아웅산 묘소 테러로 불의에 산화하신 고 함병춘 대통령비서실장과 홍콩에서의 만남은 나로 하여금 중국에 대한 관심과 연구에 더한층 열의를 갖게 한 계기가 되었다.

홍콩에 부임한 지(1971년) 1년여가 지날 무렵이었는데 본부로부터 당시 함병춘 대통령 정치담당 특별보좌관이 홍콩을 방문할 예정이니 안내 등 편의를 제공하라는 지시가 내려왔다. 헨리 키신저 미 백악관 안보담당 특별보좌관이 미·중 정상회담을 추진하기 위해 파키스탄을 경유하여 비밀리에 중국을 방문한 지 얼마 되지 않은 시점인데다 당시 함병춘 특보가 중국 등 대공산권 관계 개선을 위해 적극 활동 중이라는 언론 보도가 이어지던 때였다.

나는 '한국의 헨리 키신저'라는 별명을 얻고 있던 함 특보의 도착 시간에 맞춰 홍콩 카이탁 국제공항으로 나갔다. 하지만 길이 어긋 났던지 만나지 못하고 그냥 돌아왔다. 이튿날 미리 알아둔 출발시 간에 다시 공항에 나가 항공사 카운터에서 "혹시 함병춘이라는 한 국인이 탑승객 명단에 있지 않은가"라고 문의하는 순간, 신장과 외 모가 서양인과 비슷한 신사분이 다가오며 "내가 함병춘입니다"라 고 말하는 것이었다.

나는 전날 밤 공항에 나왔다가 만나지 못한 것에 대해 정중하게 사과했다. 함 특보는 오히려 아무렇지도 않다는 듯 반갑게 대해 주며 유럽에 갔다 오는 길에 다시 들르겠으니 그때 만나자고 하였다. 약속대로 수일 후 홍콩에서 재회하여 데이비드 오즈본(David Osborn) 당시 주홍콩 미국총영사 등 중국 전문가와 면담하는 데 수행하였고, 중국 관련 자료와 서적을 구입하는 데도 동행하였다.

그때 함 특보는 당시 국제정세 상황에 비추어 중국이 빠르게 국제사회에 재등장할 것이며 이에 따른 한·중 관계 개선이 반드시 필요하다는 것을 예견하고 나를 포함한 한국의 젊은 외교관들이 중국어 연마와 중국 관련 학습에 힘써야 할 때라고 충고했다. 내게는 큰 자극제가 아닐 수 없었다. 이와 같은 인연은 그 뒤 함 특보가 주미 대사와 국내 요직으로 전보된 후에도 계속되어 나에게는 중요한 '멘토'가 되어 주었다. 아웅산 사건 직후 함 특보를 모셨던 김명배 비서관(주브라질 대사 역임)이 내게 "함 특보께서 생전에 윤형 이야기를 자주 하셨어요"라는 말과 함께 "나(김 비서관)나 윤형 모두 복이 없는가 봐요" 하고 안타까워했다.

제2장

수교 이전
비정치 분야의
접촉과 교류

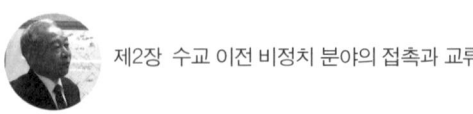 제2장 수교 이전 비정치 분야의 접촉과 교류

실질적인 교류 확대를 탐색하다

19세기 후반 동북아 국제정세는 중국과 한반도를 둘러싼 세계 열강의 패권경쟁이 치열했다. 그 중 1894년 청나라가 일본과의 전쟁에서 패배하면서 청나라는 열강의 반식민지로, 대한 제국은 일본의 속국이 되었던 것이다.

1945년 일본이 항복한 후 동북아에서는 미국과의 안보동맹 하에 한국과 타이완이 민주주의 제도를, 구소련의 지원 아래 중국과 북한이 사회주의 체제를 선택했다.

그런 가운데 한국과 중국은 한국전쟁에서 서로 총부리를 겨누는 등 장기간 적대관계를 유지하고 있었다.

6·23선언을 통한 대중국 문호 개방

1969년 7월 닉슨 미국 대통령의 괌 독트린 선언에 이어 1972년 1월 전격적으로 중국 방문이 이루어지면서 냉전체제 하의 국제정세에 커다란 변화가 일어났다. 우리나라도 1973년 '6·23선언'을 통해 중국 등 사회주의 국가들에게 문호를 개방하겠다고 선포했다.

그런데 중국은 문화대혁명 기간이어서 마오쩌둥의 처 장칭 등 4인방을 중심으로 한 문혁보수파와 저우언라이(周恩來), 덩샤오핑(鄧小平) 등 개혁파와의 정치투쟁이 치열하게 전개되고 있었기 때문에 우리의 문호 개방에 긍정적인 반응을 기대하기는 어려운 상황이었다.

이러한 가운데 우리 외무부에는 중국 담당과인 동북아2과가 창설되었고, 소수인원이 배치되어 주로 중국의 대외 동향과 중국의 대한반도 정책 추이에 대한 정보를 홍콩총영사관 등 해외 공관으로부터 입수하고, 언론 등 공개 자료를 정리 분석하는 업무를 수행하고 있었다.

나는 1975년 봄 홍콩에서 3년 반의 근무를 마치고 귀국하여 아주국 서남아과에 배속되었다. 당시는 유엔총회에서 남북 간의 한반도 문제 결의안 통과를 둘러싸고 치열한 표 대결이 전개되고 있던 터라 이에 총 매진하고 있었다.

1976년 1월 중국인의 존경을 한 몸에 받아 오던 저우언라이 총리가 갑자기 병으로 사망하였다. 7월에는 베이징에서 멀지않은 탕산(唐山)에서 대지진이 발생하여 30여만 명이 사망하는 등 대재앙이 일어났다. 이어 9월에는 마오쩌둥이 사망함으로써 중국 내 권력 투쟁은 덩샤오핑과 그를 중심으로 한 개혁파가 주도하는 방향으로 나아갔다.

1978년 봄, 나는 모처럼 해외연수 기회를 갖게 되어 네덜란드 왕립 사회과학연구소(Institute of Social Studies, ISS) 국제관계발전학과 석사과정에 입학하였다. 그곳에서 보낸 8개월은 중국 관련 업무를 위해 매우 유익한 재충전의 시간이었다. 1978년 말 연수를 마치고 귀국을 앞두고 있는데, 중국에서는 덩샤오핑이 이끄는 개혁파가 주도권을 완전히 장악하고 중국공산당 11기 3차 중앙위원회 전체회의에서 개혁개방정책을 대내외에 공표하고 있었다.

나는 수년 전 창설된 아주국 중국과에 배속되어 일하게 되면서 중국과의 수교가 가시화되어 가는 것을 느끼면서 더욱 열의를 가지고 일하게 되었다.

불발로 끝난 대중국 접촉 시도

아마 1979년 1월경으로 기억되는데, 남중국 해역을 지나가던 우리 화물선이 조난을 당해 표류하고 있는 중국 어부(푸젠 성 출신)를 발견하고 선박에 승선시켜 인천항에 입항한 사건이 발생하였다.

선례가 없는 사안이라 처음에는 다소 당황하였으나 중국 측의 반응도 타진해 볼 겸 주홍콩 총영사관으로 하여금 현지 중국 신화사 등 중국 관련 기관과 접촉하게 하고 어부 송환 방침을 통보하도록 하였으나, 중국 측은 기대했던 반응을 보이지 않았다.

중국 어부도 처음에는 송환에 응할 태세였으나 시일이 지남에 따라 마음이 변하여 한국에 살게 해 주면 어떻겠느냐는 말까지 하여 걱정이 앞섰다. 왜냐하면 가능성은 희박하나 중국 국내 가족이 송환을 요구해 올 수도 있고, 본인의 의사에 반하여 강제 출국을 시킬 때 인도적 고려를 충분히 하지 않았다는 비판을 감수해야 하는 등 문제가 복잡해질 우려가 있어 신속하게 처리하기로 결정했다.

결국 홍콩 출입국 비자 발급 업무를 대행하던 주한 영국대사관과 협조하여 우리 부가 발급한 임시(TC) 여권에 홍콩 통과 사증을 받아 중국으로 송환하는 방식으로 종결지었다. 사소하지만 중국과 관련하여 발생한 최초의 해프닝이어서 아직도 새삼스럽게 기억된다.

싱가포르에서 중국어 공부를 계속하다

1979년 봄부터 주싱가포르 대사관에서 2년 반 근무하는 동안, 리콴유(李光耀) 수상이 자국의 대중국 수교를 예견하고 '2개 언어정책(Bilingualism)'을 적극 장려하였다. 그때 나는 싱가포르의 사회적 분위기에 휩쓸려 중국어 공부를 계속하게 되었다.

또 싱가포르에 근무하면서 있었던 일이 생각난다. 부임 초기인 1979년 7월 어느 날, 이상옥 대사가 리콴유 수상 자서전 5권을 주면서 시간은 충분히 줄 테니 잘 읽어 보고 요점을 정리해 보라는 것이었다. 마침 리콴유 수상의 최초 방한을 2~3개월 앞두고 있었다.

처음에는 부담이 되었으나 자서전을 읽어 보고 나니 리콴유 수상의 어린 시절과 가정환경, 영국 옥스퍼드 유학 시절, 귀국 후 말레이시아 연방으로부터 독립, 노조활동, 민주행동당(People's Action Party) 창당 및 집권과정 등을 소상히 알게 되어 내 자신이 마치 리 수상의 머릿속을 훤히 들여다보는 것 같은 느낌이 들었다. 이상옥 대사에게 정리하여 보고한 리 수상 관련 자료는 이 대사의 손을 거쳐 본부에 보내졌다. 이 자료는 내방 인사들에게도 제공되어 많은 분들로부터 칭찬을 받았다.

리콴유 수상은 1979년 10월 19일 방한하여 박정희 대통령과 정상회담을 가졌으며, 그 직후 발생한 10·26사태로 박 대통령이 생애 마지막으로 만난 외국 국가원수가 되었다.

중국 담당과장 보임과 한·중 비정치 분야 교류 증대

1981년 추계 인사발령으로 귀국하여 중국 담당과인 동북아2과장 보직을 받게 되었다. 중앙부서의 과장 자리는 주요정책 입안과 시행과정의 실무책임자로서 중요한 역할을 하는 직책이다. 그간 '중국과의 수교'라는 미래의 꿈을 그리던 나로서는 절호의 기회였기에 새로운 각오로 열심히 일을 했다.

중국의 개혁개방정책에 따라 한·중 간 간접교역, 스포츠 등 비정치 분야에서의 교류가 점진적으로 확대되어 갔다. 간접교역의 경우 우리나라는 주로 홍콩을 경유해 중국으로부터 석탄, 석유, 광물자원 등 에너지 및 산업 원재료를 수입했다. 중국은 전자, 전기제품 등을 수입해 갔으며 석탄 등 벌크화물은 형식만 간접이지 실제로는 해상에서 직항 수송하는 경우도 적지 않았다.

교역 다음으로 제3국에서 개최하는 국제스포츠, 학술회의는 물론 상대방에서 개최하는 스포츠, 학술회의에 상호 참가하였다.

그리고 중국군 조종사들이 타이완 망명을 기도하면서 한국으로 날아온 사례도 늘어났다. 1982년 10월 16일 이래 중국 공군 우룽건(吳榮根) 상위 등 미그기 조종사들이 타이완으로 망명하기 위해 한국에 기착한 사건이 다섯 차례 이상 발생하였다. 당시 중국은 기체와 조종사를 송환해 달라고 강력히 요구하였으나 우리는 국제 관행과 유엔난민협약 규정 등을 고려해 수용하지 않았다.

조종사들은 예외 없이 타이완 망명 의사를 밝혀 그대로 허용했고, 기체는 중국에 돌려줄 방침이었으나 중국은 "조종사와 함께 보내 달라"는 성명을 발표했을 뿐 기체를 돌려받는 것에 큰 애착을 보이지 않았다. 구소련제 미그기를 중국이 라이선스로 생산한 미그-19, 21 등은 당시만 해도 주력 전투기로 운용되었기 때문에 우리 공군은 이를 훈련용으로 잘 활용했다고 한다.

중국은 기체 반환에는 관심이 없고 조종사 송환을 요구하다가 슬며시 철회한 뒤 조용해졌다. 타이완이 중국 조종사의 망명사건을 대대적으로 홍보하면서 심리전에 적극 활용하던 상황에서 송환 문제를 계속 요구하면 얻는 것보다 잃을 것이 많다고 판단한 것 같았다.

당시 중국 군용기들이 연달아 넘어오니 항간에서는 "중국군 망명기를 위한 전용 활주로를 마련하는 것이 어떠냐"고 할 정도였다. 그 후 오랜 세월이 지나 1989년 홍콩에서 신화사 관계자를 만나 한·중 양자 접촉의 구실로 국내 보관중인 미그기 기체 반환 가능성을 시사하였으나 중국은 별 관심을 보이지 않았다.

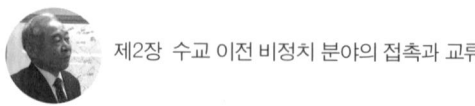 제2장 수교 이전 비정치 분야의 접촉과 교류

뜻밖의 공식접촉
- 중국 민항기 피랍과 해군 어뢰정 선상 난동사건

1983년 5월 5일 어린이날, 중국 민간 여객기가 우리 영공을 침범해 춘천 군용 비행장에 불시착한 사건이 발생하였다.

외교의 불시착

승객 96명과 승무원 9명을 태우고 중국 랴오닝 성(遼寧省) 선양(瀋陽)을 떠나 상하이(上海)로 향하던 민항기가 납치되어 우리 영공으로 들어왔다. 이 여객기는 우리 공군 전투기의 유도로 착륙했으나 활주로를 50여 미터나 지나 육중한 두 바퀴가 땅에 깊숙이 박히고 말았다. 40년 전 한국전쟁에서 총부리를 겨누었던 적성국의 항공기가 우리 땅에 착륙했다는 사실은 실로 놀랄 만한 일이었다.

당시 담판 대표를 맡은 공로명 전 외무부장관은 이를 "단순히 적성국의 비행기 한 대가 국경을 넘어왔다는 물리적 의미를 넘어서는 '외교의 불시착'이었다"[1]라고 비유했다. 이 불시착 이후 '중국'이라는 존재가 우리 사회의 안방으로 들어오게 된 '역사의 초청장'으로 탈바꿈하게 되었다.

그날 오후 5시 청와대 관계부처 대책회의가 긴급 소집되었지만 주요 각료와 실무자들은 사상 초유의 사태를 접하고 어떻게 대응해야 할지를 몰랐다. 사건 당일 나는 부친이 위독하시다는 소식을 접하고 나비 축제로 최근 유명해진 고향(함평)에 내려가 있었다. 광주공항에 내려 함평행 버스를 타고 가는데 사이렌 소리가 울리면서 라디오 방송으로 "공습경보를 발령합니다. 북한 미그기가 넘어오고 있습니다. 실제 상황입니다"라는 아나운서의 다급한 목소리가 들려왔다. 이보다 3개월 전 북한 공군 조종사 이웅평 대위의 미그기 귀순사건이 있었던지라 이번에도 '북한 비행기'라는 라디오 보도에 추호의 의심도 하지 않았다.

위독하신 아버님을 읍내 병원으로 모시고 입원실 텔레비전을 튼 순간 '중국 민항기'라는 자막이 적혀 있어 가슴이 철렁 내려앉았다. 불철주야 공무에만 매달리다가 모처럼 아들 노릇 좀 하겠다고 먼 길을 내려왔는데….

부랴부랴 학교역(현 함평역)으로 달려가 기차를 탔으나 15시간이 지난 이튿날 새벽 5시에야 서울역에 도착했다. 공교롭게도 어린이날 휴일이어서 노재원 외무부차관, 김병연 아주국장 등 주요 간부

---

1) 공로명 장관 인터뷰(연합뉴스 2011. 7. 1)

가 연락이 되지 않아 사정 당국의 문책이 예견되었으나 다행히 일이 잘 처리되어 엄한 징계는 면하였다.

'우연'이 만든 한·중 수교 주춧돌

이틀 후인 5월 7일 선투(沈圖) 중국민용항공 총국장(당중앙위원이며 장관급)을 단장으로 한 일행이 김포공항에 도착해 한·중 공식 접촉이 이루어졌다. 양국 간 교섭의 핵심은 6명의 납치범 처리문제였다. 중국은 승객과 여객기 기체는 물론 납치범까지 모두 인도하라고 요구했지만 우리 정부는 자유의사에 따라 결정하도록 하는 것이 국제관례라는 입장을 고수했다.

3일간에 걸친 마라톤 협상 끝에 납치범들의 즉각 망명을 허용하지 않고 우리 국내법을 적용해 처벌하는 쪽으로 타결됐다. 타이완으로부터는 납치범 6명을 '6인 의사(義士)'라 칭하며 즉각 망명을 허용하라는 요구가 빗발쳤다. 연일 타이완 내 초·중·고등학생들로부터 외무부에 수백 통의 진정 서신이 쇄도하여 수북히 쌓였으며, 주한 타이완 대사로부터는 납치범과의 면담을 집요하게 요청해 옴으로써 외무부가 시달림을 받았다.

나는 당시 고령이던 쉐위치(薛毓麒) 주한 타이완 대사와 함께 생전 처음 성동구치소 철창 안에 들어가 납치범들을 면담한 기억이 생생하다. 납치범들은 우리 법정에서 징역행이 확정되었으나 1년 후 형집행정지로 석방되어 모두 타이완으로 가게 되었다. 타이완에 간 이들은 대부분 죄를 다시 범하여 사형되거나 복역 중인 것으로 확인되었다.

민항기 사건 교섭 때 합의문서에 국호를 공식 사용하느냐의 여부가 큰 쟁점이었다. 국호 공식 사용 여부를 놓고 양국의 속내는 확연히 달랐다. 중국은 북한을 의식하여 국호 공식 사용을 회피하려 했으나 우리 정부의 생각은 달랐다. 이 사건을 계기로 어떤 식으로든 연결고리를 만들어 '대중 외교'의 일정한 돌파구를 마련해 보려는 전략적 의도를 가지고 있었다.

우리 정부 교섭 대표단은 "남의 안방에 들어와서 안방 주인에게 인사도 안하는 법이 어디 있느냐"는 논리를 내세우며 합의 문서에 양국의 공식 명칭을 넣도록 압박했고 결국 중국의 양보를 이끌어 냄으로써 5월 10일 10시 30분 합의문에 서명하였다.

중국 민항기 불시착 사건은 한·중 당국 간 첫 공식 접촉 기회를 제공했다는 점에서 양국 관계가 국교 수립으로 나아가는 아주 중요한 서막이자 9년 뒤에 이루어진 한·중 수교의 주춧돌이 되었다.

중국 대표단 일원으로 루루이링(盧瑞令) 민항총국 국제협력국장이 포함되어 있었는데, 후일 한·중 항공회담 때 베이징에서 다시 만났다.

또 다른 중요한 계기

민항기 불시착이 한·중 수교의 중요한 씨앗이었다면 2년 뒤 발생한 중국 해군 어뢰정 선상 난동사건은 한·중 수교의 기틀을 닦은 또 다른 중요한 계기가 되었다.

이 사건은 1985년 3월 22일 새벽 전남 신안군 소흑산도 앞바다에 중국 해군 소속 어뢰정 한 척이 선상 반란으로 표류해 왔는데, 추격하던 중국 해군이 우리 영해를 침범하여 군사적 충돌 위험 직전까지 갔었다. 그런데 우리 측이 표류 어뢰정에 대한 중국 관할권을 인정하여 3월 28일 어뢰정과 승무원을 중국에 일괄 송환함으로써 해결되었다.

나는 그때 주일 대사관 제3국 담당 참사관으로 근무하고 있어 직접 관여하지는 않았지만, 이 사건을 처리하기 위해 중국의 요청으로 신화사 홍콩 분사와 주홍콩 한국총영사관 간에 협의 채널이 가동되어 신속히 처리된 것은 그 의의가 크다고 보며, 또한 한·중 관계가 진일보 개선되는 데 기여한 것으로 평가된다.

당시 외무부 아주국 주무과장으로 이 사건 처리에 주도적 역할을 담당한 김석우 전 통일부차관은 "어뢰정 사건은 한·중 관계의 극적인 돌파구를 마련한 분수령이었다"라고 회고했다.[2]

첸치천(錢其琛) 전 중국 외교부장의 회고록 『외교십기(外交十記)』에 의하면 민항기 사건과 어뢰정 사건을 거친 후인 1985년 4월 중국의 실권자 덩샤오핑은 중국과 한국 관계에 대한 견해를 매우 긍정적으로 밝힌 것으로 나타나 있다.

당시 덩샤오핑은 "중·한 관계 발전이 우리(중국)에게도 필요하다"며 "첫째, 장사를 할 수 있어 경제적 이점이 있고, 둘째, 한국으로 하여금 타이완과 관계를 단절시킬 수 있다"[3]고 말함으로써 중국 측이 대한국 관계 개선에 대한 적극적인 의지를 보였다는 것이다.

---

2) 연합뉴스, 「외교열전-한·중 수교 기틀 닦은 중국 어뢰정 사건」(2012. 2. 26)
3) 첸치천 회고록 『외교십기(外交十記)』 p.151

한·중 상설 대화 창구 개설 시도

사실 중국과의 수교 추진 과정에서 아쉬웠던 것은 상설 대화 창구가 없다는 점이었는데, 민항기 피랍사건으로 최초로 양국 고위급 당국자의 접촉이 실현되기는 하였으나 아쉽게도 단발에 그치게 되었다. 우리는 민항기 사건 마무리 처리 과정에서 도쿄 주재 양국 대사관 간 접촉 협의 채널을 구축해 보려는 의향이 있었으나 중국의 소극적인 태도로 실현되지 못하였다.

중국으로서는 일본과의 관계상 보안 노출을 우려한 것 같고 홍콩 채널을 더 편하게 느낀 것으로 보인다. 하지만 홍콩 채널도 중국은 돌발적인 사건 해결에만 국한하려 했으며, 우리는 보다 광범위한 협의 창구로 활용하려는 시도 역시 실현되지 못했다.

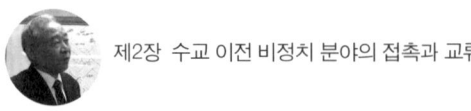 제2장 수교 이전 비정치 분야의 접촉과 교류

문은 닫아두되 빗장은 내리지 않는 관계

중국의 외교원로였던 황화(黃華) 전 외교부장은 중국의 개방정책 선언 이후 한·중 관계를 '문은 닫아두되 빗장은 내리지 말라(關門, 但不要閂門)'[4]라는 표현으로 전향적인 자세를 보였다.

나는 약 2년 반 동안 보람찬 동북아2과장 근무를 마치고 1984년 2월 주일 대사관에 부임하였다. 홍콩은 이미 근무했고 중국에는 공관이 없어 선택의 여지가 없었다.

또 하나의 China Watching Post 일본

주지하는 바와 같이 일본은 일찍이 미국보다 먼저 1972년 9월

---

4) 홍덕화, 『두 개의 중국과 실리외교』(자작아카데미, 1998) p.66

중국과 수교를 한 만큼 정부나 민간 차원의 교류와 협력이 많이 축적되어 있었다. 도쿄 주재 중국대사관은 물론 미국대사관 정무담당 요원 등의 활동도 활발하여, 중국 관찰 포스트로서 홍콩 못지않게 유리한 곳이라고 판단하고 나는 새로운 각오와 열의로 업무에 임하였다.

일본 내 중국 전문가들과의 만남

일본 외무성에는 베이징에서 2회 이상 근무한 경력을 가진 베테랑 외교관이 중국과장을 맡고 있었다. 마키다(眞田) 과장, 후임인 아나미(阿南) 과장과 수시로 접촉하여 베이징으로부터 들어오는 중국의 정세, 특히 중국의 대한반도 정책 추이 등 관찰사항을 디브리핑(Debriefing) 받아 외무부에 보고했다.

외무부 동북아2과 차석이었던 정상기 서기관(현재 주타이베이 대표부 대표)은 그때 도쿄로부터 온 보고가 대중국 업무의 바이블처럼 활용되고 있다고 귀띔해 주었다.

아나미 과장은 일본 패전 직전 할복자살한 구일본군 아나미 육군 대장의 유복자이다. 그는 1972년 일·중 수교 후 주중 대사관에 내정되었을 때 혹시 중국이 전범자의 자식이라고 부임 거절을 하지 않을까 우려했으나 아무 탈 없이 근무하였다면서 중국의 대국다운 면모를 호의적으로 평가했다. 아나미 과장은 그 후 내가 1997년 1월 주일 대사관 공사로 부임할 때 아주국장으로 재직 중이어서 어업 문제 등 양국 간 민감하고 어려운 현안에 대해 국익 증진을 위해 상호 열띤 논쟁과 협상을 전개해야 하는 관계가 됐다.

주일 대사관 경제공사로 근무하던 시절 도쿄의 한 행사장에서
아나미 일본 외무성 아주국장(왼쪽, 주중 대사 역임) 등과 환담하는 모습.

　또한 일본 외무성 산하 일본국제문제연구소 소속 학자들과도 돈독한 유대를 가졌다. 이들 중 오카베 다쓰미(岡部達未) 도쿄 도립대 교수의 중국에 관한 해박한 분석과 통찰력이 매우 인상적이어서 기억에 오래 남는다. 오카베 교수는 1972년 일·중 국교 정상화 직후 주중 일본대사관에서 계약직으로 1년여 근무했는데, 그때 중국 연구에 매진한 결과 보다 심도 있는 분석력과 통찰력을 갖게 되었다고 한다. 이는 일본 정부와 학계가 상호 보완적으로 협력한 성과 사례로 우리에게도 중요한 시사점을 던져준다.

중국 외교부 국제문제연구소 타오빙웨이 학술위원과의 만남

1985년 여름으로 기억되는데, 일본국제문제연구소와 일본국제정치학회가 주관하여 도쿄에서 중국 학자와 한국 학자를 초청해 한·중·일 3자 학술회의가 개최된 적이 있었다. 한국에서는 김준엽 고대아시아문제연구소장, 이홍구 서울대 교수 등 굴지의 국제정치학자가 다수 참가하였다. 중국에서는 외교부 산하 국제문제연구소 소속 학자들이 참석하였는데 이 중 외교부 조선처장을 오랫동안 역임한 타오빙웨이(陶炳蔚) 학술위원이 참석해 나와 유대 관계를 맺게 되었다.

타오 위원은 원래 재북한 화교 출신으로 마오쩌둥, 저우언라이, 김일성 주석 간의 정상급 통역을 누차 담당한 바 있어 중·북한 관계에 어느 누구보다도 해박하고 소상한 지식을 갖춘 인물이어서 그와의 인연은 나에게 커다란 행운이었다고 생각한다. 실제로 이후 베이징아시아경기대회 연락관(아타셰)으로 활동하던 때에 이어 무역대표부에서 일할 때 음으로 양으로 많은 조언과 지원을 받았다.

3자 학술회의는 일본국제문제연구소 부근 회의장에서 3일간 비공개로 개최됐다. 나는 학자 신분이 아니라 참석 자격이 없었으나 한국과 일본 학자들의 추천에 의해 옵서버로 참석, 토의 내용을 청취할 수 있는 기회가 주어졌다.

토론 주요 의제로는 동북아 지역 정세와 전망, 특히 한반도 문제가 중점적으로 토의되었는데 이 문제를 가지고 비록 학술 교류 성격이지만 한·중 양자 간 처음으로 쌍방향 대화를 통해 상대 입장과 우리 입장을 교환하게 되었다. 나는 무엇보다도 타오 학술위원의 한반도 문제 발언이 중국 정부의 공식 입장으로 볼 수 있기 때문에 주의를 집중하였다. 타오 위원은 "중국은 한반도 등 주변지역의 평화와 안전을 희망하며 현상이 유지되기를 희망한다. 어느 세력도 이 지역에서 평화와 안전을 위태롭게 하는 것을 지지하지 않을 것이다. 한국 측이 조기 수교를 원하는 것으로 알고 있으나 이는 지역의 평화와 안전을 위태롭게 할 수도 있기 때문에 신중을 기하고 있으며 앞으로 시간을 두고 기다려야 한다"는 입장을 피력하였다.

그간 미국, 일본 등 우방국, 그리고 홍콩 신화사 관계자 언론보도 등을 통해 파악한 내용과 대동소이하나, 중국 정부 측의 대한반도 인식을 직접 확인할 수 있는 기회여서 매우 의미가 컸다.

중·일의학교류협회 지회장 박순자 여사와의 인연

또 한 가지 내가 꿈꾸어 온 대중국 수교 목표를 성공적으로 수행하는 데 도움을 준 인맥이 도쿄에서 이루어진 것을 잊을 수 없다.

1985년 가을 어느 날 대사관 정문 경비실에서 연락이 왔다. 중국 인민복을 입은 여인이 찾아왔는데 무슨 말인지 모르겠으니 한번 만나 주면 좋겠다는 건의였다. 대사관 직원들은 내가 외무부 중국 담당과장을 역임한 사실을 알고 있었다.

만나보니 며칠 전 베이징에서 도쿄에 온 조선족 여인인데 나이는 20대 후반, 직업은 중국민항병원 내과의사이며 이름은 박순자였다. 그는 중국 톈진(天津)에 거주하는 남한 출신 부모의 장녀로 같은 병원에 근무하는 외과의사와 결혼하여 1남을 두고 있었다. 당시 중국에서는 의사 직업이 사회적 지위나 대우면에서 인기 직종이 못되었으므로 기회만 있으면 직업을 바꾸려 하고 있었다.

그는 1983년 5월 춘천공항에 불시착했던 민항기 여승무원들을 진료하면서 이들로부터 한국의 발전상과 한국민의 중국에 대한 호감 등을 전해 듣고 부모의 나라 한국을 동경하게 되었다고 한다.

개인적인 해외 출국이 매우 어렵던 당시 상황에서 대일 무역사업을 하던 부친의 일본 무역상사 주선으로 단기 상용 비자를 받아 오게 된 그는 일본에 정착하고 싶으니 우선 숙식 문제가 해결되도록 도와 달라는 것이었다.

나는 그녀의 직업을 감안하여 우선 재일동포 박권희 씨(재일동포 과학인회장 역임)가 운영하는 우에노(上野) 병원에서 보조의사로 일할 수 있도록 주선하였다. 아울러 용돈이라도 벌게 해 줄 겸 중국어 교습을 희망하는 공관 직원들과 함께 아침 출근 직전 중국어 회화 교습을 할 수 있게 해 주었다. 당시 나는 순수한 동포애로 그의 도쿄 정착을 도와준 것인데, 훗날 미수교국인 중국 베이징에서 '맨땅에 헤딩'을 해야 했던 내게 그토록 많은 도움을 주게 될 줄은 상상하지도 못했다.

그는 일본 정착에 성공해 중·일의학교류협회 지회장을 역임하고 도쿄 신주쿠 번화가에 고급 아파트를 구입하기도 했다.

 제2장 수교 이전 비정치 분야의 접촉과 교류

서울 국제경기대회에 참가한 중국 대표단

1983년 5월 민항기 피랍 사건과 1985년 해군 어뢰정 사건을 거친 뒤 중국의 한국에 대한 인식이 현저히 개선되었음을 감지할 수 있었다.

첸치천 전 중국 외교부장 회고록에 의하면 민항기 피랍 사건 후 3개월이 지난 1983년 8월 베이징 시는 아시아올림픽이사회에 1990년 제13차 아시아경기대회 유치를 정식 신청하였으며, 동시에 외교부장 명의로 한국을 포함한 모든 아시아올림픽이사회 회원국에 대회 참가를 위한 출입국을 보장한다는 내용의 서한을 발송한 것으로 기록되어 있다.[5]

중국은 1990년 베이징아시아경기대회 성공적인 유치라는 목표

---

5) 첸치천, ibis, pp.150~151

를 세워놓고 이를 위해 86서울아시아경기대회와 88서울올림픽에 적극적으로 참가한다는 방침을 내부적으로 정해 둔 상태였다. 다만 북한을 의식하여 외부에는 밝히지 않았다.

두 번째 중국 담당과장을 맡다

나의 외교관 경력 중 특이한 게 있다면 중국을 관장하는 동북아 2과장을 두 차례 맡은 것이다. 대부분 과장직을 거치고 나면 다른 과장으로 수평 이동하거나 본부 심의관 승진 또는 해외공관 참사관으로 보직되는 것이 상례였음에 비추어 같은 과 책임을 두 번 맡는

필자(아랫줄 가운데)가 두 번째 동북아2과장으로 재임 시절 직원들과 주말에 도봉산을 오르며 단란한 시간을 가졌다. 뒷줄 왼쪽 첫 번째가 박석환 사무관(외교부 1차관 역임), 고 황정일 서기관(가운데), 맨 오른쪽이 정상기 서기관(현 주타이베이 대표부 대표)

제2장 수교 이전 비정치 분야의 접촉과 교류 | 37

다는 것은 극히 이례적인 일이었다.

1987년 4월 최광수 외무장관, 오재희 차관 시절인데 주일 대사관에서 정무참사관으로 근무하다가 귀국하자 서대원 총무과장이 장·차관의 의중이라며 동북아2과장을 한 번 더 맡아 달라고 요청했다. 김하중 동북아2과장(후일 주중 대사에 이어 통일부장관 역임)이 의전과장으로 전보될 예정인데 후임을 맡을 적임자가 없다는 것이었다. 바로 결정하지 못하고 시간을 달라고 했다. 귀국 인사 겸 차관실에 들렀더니 오재희 차관은 "중국과장을 한 번 더 맡아 주어야겠다. 한·중 수교에 대한 국민의 관심이 높아지고 있지 않은가. 특히 중국 문제가 질적으로 양적으로 더 중요해지고 있는 이때, 당신 같은 중국통이 맡아 줘야 되지 않겠느냐"며 설득했다.

이런 제의를 듣게 되자 나도 "계급이 무슨 상관인가. 업무 내용이 중요하지. 시대적 요구에 맞추어 보람 있는 일을 하면 되지 않겠는가. 또한 그동안 내가 중국과의 관계 개선과 궁극적인 수교를 위해 얼마나 정열을 쏟아 왔는가. 이제 결실을 보게 될 때가 가까워지고 있는 이때 주저할 이유가 있겠는가?"라고 자위하며 수락했다. 일부 동료와 선배들은 "왜 같은 과장직을 또 맡았느냐?"며 의아해하면서 동정어린 걱정도 해 주었지만, 당시 나의 결정은 나중에 두고두고 생각해 봐도 절대 후회는 되지 않았다.

88서울올림픽대회에 중국팀을 참가시켜라

그 후 2년간 동북아2과를 이끌면서 최대 당면과제는 중국 대표팀을 88서울올림픽에 참가시키는 것이었다. 중국은 이미 86서울아시아경기대회에는 참가했지만 아시아경기대회와 올림픽은 비교할 수 없을 정도로 정치적·경제적 의미가 컸다.

다행히 1990년 아시아경기대회 개최지로 베이징이 선정된 만큼 86년 서울아시아경기대회 때 경기운영 등 모든 것이 효율적으로 진행된 것을 높이 평가하는 중국으로서는 우리 전산기술과 노하우에 관심을 가질 수밖에 없는 상황이 되었다. 하지만 북한과의 관계를 고려해 참가 여부를 조기에 결정하지 않고 있어 애를 태우기도 했다.

이런 상황에서 우리 전략은 1990년 베이징아시아경기대회 성공적인 개최를 두고 고심하는 중국의 가려운 곳을 잘 파악하여 최대한 협력해 주는 자세를 보여 줌으로써 중국에게 한국이 필요한 존재가 되도록 하는 것이었다. 당시 베이징아시아경기대회 준비조직위원회는 베이징 시 당서기 천시퉁(陳希同) 위원장을 필두로 우사오쭈(伍紹祖) 국가체육위원회 주임(체육부장관에 해당), 베이징 시 수석부시장 장바이파(張百發) 부위원장, 웨이지중(魏紀中) 국제부장 등이 포진해 있었다. 이들 중 장바이파 부시장과 웨이지중 국제부장이 우리 측과 빈번한 접촉을 가졌다.

외무부에서 서울올림픽조직위에 파견된 양세훈 국제협력국장과 내가 한 팀이 되어 주로 이들과 대화 상대자가 되었다. 우리는 늘 마음속에 88서울올림픽을 한·중 수교를 앞당기는 계기로 적극 활용해야 한다는 생각을 가지고 일했다. 반면 중국은 북한의 입장을 감안해 반발을 초래하면서까지 우리와 수교를 서두를 입장은 아니었다. 그들은 늘 북한과의 역사적 특수 관계를 강조하면서 자칫하면 평화에 부정적이라는 주장을 펴곤 했다.

장바이파 부위원장은 "한·중 간 원활한 협력관계를 강화하는 것이 향후 수교를 하는 데 도움이 된다"면서 "물이 흐르면 물길이 생기는 법이다(水到渠成)"라는 표현을 수시로 써가며 결정적인 시기가 오면 수교로 발전할 수도 있다는 속내를 내비쳤다. 웨이지중 국제부장은 "먼저 머리를 내미는 새가 포수의 총에 맞는다(槍打出頭鳥)"는 속담을 들려주며 신중한 접근으로 일관했다. 소련보다 중국이 먼저 나섰다가 자칫 난관에 봉착할 수 있다면서 소련이 먼저 한국에 접근하는 것을 봐가며 나올 수 있다고 얘기하기도 했다.

이로써 중국 정부는 이미 한국과의 수교 방침을 정해 두었으면서도 소련의 움직임 등 동북아 정세의 변화를 면밀히 관찰하면서 그 시기가 오기까지 내부적으로 준비를 하고 있음을 눈치 챌 수 있었다.

중국 측의 이같은 입장을 어느 정도 간파해 낸 우리는 제2단계 작업에 들어갔다. 중국에 필요한 것을 제공하는 등 1990년 베이징 아시아경기대회 준비에 적극 협력할 용의가 있음을 밝힌 것이다. 그러면서 1988년 서울올림픽에 참가해 운영 상황을 전체적으로 점검, 시뮬레이션을 해 보는 것이 좋은 방법으로 생각된다는 견해와 함께 올림픽 참가 입장을 속히 밝혀 달라고 요청했다.

당시 중국의 참가 입장 표명이 중요한 것은 북한의 올림픽 개최 방해 공작이 계속되는 상황 하에서 올림픽의 안전 개최가 보장될 수 있고, 이는 여타 나라들의 참가 결정에도 긍정적인 영향을 미치기 때문이었다.

이 과정에서 중국으로부터 전산기술 대표단이 기술 견학차 서울에 파견되어 왔다. 이들은 급기야 86아시아경기대회 때 사용한 경기 운영 관련 전산 소프트웨어를 제공해 달라고 요청했다. 우리는 난감했다. 이 기술은 카이스트 과학자들이 개발한 것으로 수십억의 예산을 들인 것인데 그냥 줄 수는 없었다. 우리가 핵심기술을 파는 것만도 호의적인 협력이라는 논리로 돈을 받고 판매할 계획이었다.

반면 이들은 그냥 달라는 눈치였다. 여의치 않으면 자체 개발해 보겠다는 심산이었는지 항공우주부(航天部) 소속 고급 기술진이 포함된 10명으로 구성된 대표단이 우리 카이스트 과학자들과 만났다.

우리는 핵심기술은 공개하지 않되 최대한 성의 표시만 하는 선에서 대응하도록 조정하였다. 그리고 그들에게 생색 좀 내고 나중에 사가게 하든가 수교 문제에 가시적인 진전이 있으면 무상 제공할 뜻도 가지고 있었는데, 결국 그들은 자체 개발해 냈다. 우리에게 아이디어만 얻고도 개발해 낼 만큼 그들의 과학기술 수준이 높았던 것에 자못 놀랐다.

대한민국 외교관 여권으로 베이징 WHO 지역 총회에 가다

중국의 전산기술 대표단이 다녀간 지 얼마 안 된 1987년 7월경으로 기억되는데, 세계보건기구(World Health Organization, WHO) 서태평양지역 총회(본부 마닐라 소재)가 베이징에서 열렸다. 보건사회부 이성호 보건국장(작고)을 단장으로 하여 윤방부 세브란스의대 가정의학과 교수(현 가천의과학대학교 부총장)와 함께 일주일간 베이징을 방문하였다.

나는 외교관 여권을 소지하였다. 그 이전만 해도 중국은 우리 외교관 여권을 인정하지 않아 일반여권에 별지 입국 비자를 받아야 했다. 중국은 처음에는 내가 미수교국의 외교관 신분임을 알고 그대로는 비자 발급을 해 줄 수 없다는 입장이었다.

우리 대표단은 마닐라 본부를 통해 중국 측에 "다자간 회의인데 왜 비자 발급이 안 되느냐"며 강력한 의사표시를 했다. 당시 한상태 WHO 서태평양지역 사무총장(작고)과 후일 WHO 사무총장 재임 시 작고한 이종욱 보좌관의 노력으로 우리 의사를 관철시킨 기억이 새로우며, 이는 매우 의미 있는 사례가 되었다.

이종욱 WHO 사무총장은 2005년 인도네시아 쓰나미 재해 피해자 구원 관련 국제회의 참석 차 자카르타 방문 중 주인도네시아 대사였던 나와 해후한 지 몇 개월이 채 안 되어 서거하였다. 이 소식을 듣고 나는 큰 충격에 빠진 바 있다.

과거에 멈춰 있는 시내 풍경

1970년대 초 홍콩에 근무하면서 중국과의 국경지대인 '록마차오' 전망대에서 호기심을 갖고 내려다보던 중국 땅을 직접 밟고 눈으로 보게 되니 실로 감개무량하였다. 베이징 서우두 공항에 도착하자 주최 측이 탑승구에서 일반통로가 아닌 귀빈실을 통해 우리 대표단을 안내했다. 북한을 의식해서인지 보안유지를 위해 특별히 신경 쓰는 모습이 역력하였다.

공항에서 시내로 가는 길은 왕복 2차선에 우마차와 인력거, 자전거 행렬 사이로 가끔 관용차가 지나가고 있었다. 길가에는 가다가 멈춘 노후 차량을 수리하는 장면이 눈에 띄었고, 도로 노면 상태도 고르지 못하였다. 이를 보면서 19세기와 20세기가 혼재해 있다는 인식과 함께 "이런 시설로 아시아경기대회를 잘 치를 수 있을까?" 하는 생각이 들기도 했다.

호텔방에 들어서니 청조 말기 프랑스 양식으로 건립된 건물인데 양탄자는 오랜 세월 관리가 잘 안 되어 퀴퀴한 냄새가 풍겼다. 구형 텔레비전 스위치를 켰더니 6·10항쟁 전후 한국의 과격한 반정부 시위 영상이 연속적으로 방영되고 있었다. 이마에 두른 시위구호와 휘장이 역력하며 경찰의 진압용 최루가스가 난무하는 모습이 그대로 나왔다. 한편 과거 북한·중국 지도자 간에 항일 독립투쟁과 중국 의용군 한국참전 등을 계기로 다져진 쌍방 우호관계를 과시하는 내용의 보도가 눈에 띄었다.

특히 반정부 시위 상황을 너무 부각시켜 보도하고 있는 것이 걱정스러웠는데, 1989년 5월 한·중 민간어업회담 참석차 방중했을 때 톈안먼 광장에서 중국 시민과 학생들의 격렬한 시위가 과거 한국의 시위 모습과 너무 흡사한 데 놀랐다. 아마도 학습효과가 아닌가 생각되었다.

당시 서울-베이징 간은 홍콩 등 제3국을 경유하도록 되어 있어 장장 9시간 이상이 소요되는 여정이었기에 피곤한 몸으로 1박 한 후 아침 일찍 거리로 나와 호텔 부근과 톈안먼 앞 대로를 산책했다. 주민들은 대부분 인민복을 입고 집 밖으로 나와 배회하거나 자전거를 타고 출근하는 모습이었다. 대로에는 자전거 행렬이 끝도 없이 이어졌다.

호텔에서 가까운 곳에 있는 중국식 골목인 후통(胡同)을 사이에 두고 주민 거주 주택인 정사각형 쓰허위안(四合院)이 즐비하게 지어져 있는 모습을 내려다보며 신기하게 느껴졌다. 알고 보니 과거 청나라 시절 고관이나 귀족들의 대저택이었던 것을 공산화 이후에 서민들이 공동 점유하여 살고 있다는 것이다.

오후 6시가 지나면 거리에서 주민들의 모습은 보기 어렵고, 가정에서 대부분 불을 켜지 않아 도시가 어둡고 고요했다. 각 가정마다 주로 석탄을 사용하고 있어 대기오염도 극심하였다. G2급 국가로 성장한 지금의 중국 눈으로 보면 80년대 중반 중국 사회의 모습은 감히 상상하기조차 어려울 정도였다.

베이징에서 청나라 정통요리를

회의가 진행되는 동안 얼마 전 서울에 왔던 전산기술 대표단원과 연락이 되어 저녁 식사 초대를 받았다. 이들은 무척 반가워하면서 호텔까지 찾아와 베이하이(北海) 공원 내에 있는 청나라 정통요리로 유명한 팡산(房山) 식당으로 안내하였다. 베이하이 공원은 청나라 황제 별장으로 문화대혁명 때 장칭을 비롯한 4인방이 독점하여 식도락과 유흥을 즐겼다는데, 1949년 이래 사라져 버린 정통 청요리가 이곳에서 어느 정도 명맥을 지켜오고 있다고 한다.

호텔 구내식당에서 각국 대표단과 함께 소박한 요리로 식사를 하다가 모처럼 중국 정통요리를 대하니 진수성찬이요 팔진미 이상이었다. 곁들여 그 유명한 우량예(五粮液) 백주를 마시니 황제가 부럽지 않았다. 중국 측 인원이 다섯 명이나 되어 주거니 받거니 하다 보니 황홀경에 빠져 버렸다. 호텔까지 무의식중에 부축을 받고 돌아와 다음날 아침에야 정신이 돌아왔다.

처음 맛본 우량예 술을 무척 좋아하는 나에게 그들은 따로 한 병을 준비해 선물로 주었다. 그런데 홍콩행 항공편 짐 속에 넣어 두었다가 깨져 옷을 다 망쳐 버린 기억이 새삼스럽다.

중국 국무원 항공우주부 직원들과의 즐거운 한때. 전산기술 대표단으로 방한했던 이들은 내가 중국을 처음 방문하자 베이하이의 팡산 식당으로 초대해 환영만찬을 베풀어 주었다.

1987년 베이징에서 열린 WHO 회의 참석자들과 조선족이 운영하는 불고기집에서 식사하는 모습.

그날 이후 우리 대표단은 호텔 음식을 나흘쯤 먹고 나니 지루하여 주최 측의 안내를 받아 톈안먼 광장 옆 조선족 식당에서 불고기로 점심식사를 했다. 중국 당국이 거티후(個體戶)라는 개인 기업체를 허용, 개업한 지 얼마 안 되었으나 주인이 매우 진취적이고 열의가 있어 보여 사업이 꽤 잘 될 것 같았다. 아마도 그 조선족 식당 주인은 지금쯤 크게 성공한 사업가가 되어 있을지도 모른다.

회의 기간 중 어느 날 저녁 천시퉁(陳希同) 베이징 시장 주최 환영 만찬이 오리요리로 유명한 취안쥐더(全聚德) 레스토랑에서 열렸다. 지금은 우리나라를 포함한 세계 각국에 지점이 진출해 있을 정도로 잘 알려져 있지만, 당시는 톈안먼 부근 본점을 제외하고는 보잘것없는 식당에 불과하였다.

나는 홍콩에서 중국요리를 접할 기회가 많아 오리요리에 익숙해 있었지만 부위별로 요리한 20여 종의 풀코스 오리고기를 맛보고 감탄하였다. 맛도 맛이지만 중국 요리사들의 예술 감각은 매우 뛰어나 요리 그 자체가 예술이었다. 그런데 다음날 아침 나는 홍콩에서 단련되어 괜찮았는데 다른 사람들은 대부분 전날 먹은 오리요리가 너무 기름져 배탈이 났다.

완리 부총리의 건강유지법

우리 대표단 숙소는 베이징 호텔이었고, 회의는 호텔 부근 허름한 위생부 건물에 있는 회의실에서 열렸다. 당시 완리(萬里) 부총리가 회의 개막식에 참석하여 축사를 했는데, 그동안 신문이나 텔레비전에서 보던 인물을 직접 현지에서 만나보게 되니 인상적이었다.

완리 부총리는 양쪽 귓바퀴에 반창고 같은 테이프를 붙이고 있었다. 알고 보니 중국식 건강유지법으로 좁쌀같이 작은 검은색 식물 열매를 귓바퀴에 붙여 두면 신체 각 부위의 신경계통에 연결되어 혈액순환을 원활하게 하는 등 건강에 도움이 된다는 것이었다. 나중에 내가 베이징에서 건강문제로 고생할 때 이 방법을 활용해 보았더니 별 효과는 없었으나 아무튼 많은 중국인들이 시행하고 있었다.

중국 도우미들의 탁월한 영어 구사력

나는 회의에 참가하기 전에는 중국이 개방된 지 얼마 되지 않은 시점에서 대규모 국제회의를 개최하는 만큼 경험 부족으로 인한 각국 대표단 안내와 편의제공, 회의 운영 등 차질이 초래되지 않을까 걱정도 하였다.

그러나 회의가 일단 개최되어 진행되는 동안 이러한 걱정은 기우였음을 곧 알게 되었다. 특히 회의에 참여한 중국 도우미들의 영어 구사력이 기대 이상으로 탁월하여 외국 대표단들과 의사소통에 전혀 문제가 없었다.

나는 남자 고등학생처럼 보이는 도우미에게 혹시 해외유학 경험이 있느냐고 물었더니 전혀 없다고 하며 베이징외국어학교에 재학 중이라고 하였다. 물론 모국어인 중국어가 영어와 어순(주어+동사+목적어)이 비슷하여 영어 습득에 다소 이로운 점은 알고 있지만 중국의 국제회의 도우미들의 영어 구사력은 기대 이상으로 탁월했으며, 이것이 오늘 중국이 국제적 위상을 제고하는 데 기여한 바 크지 않을까 생각된다.

골프 치는 자오쯔양 총리

일주일간의 베이징 체험담 중 빼놓을 수 없는 것은 일본인들에 의해 막 개장된 골프장에서 라운딩을 한 것이다. 베이징 서우두 공항 방향으로 좀 더 가면 순이(順伊) 골프장이 있는데, 키가 큰 버드나무 숲에 가려져 있어 외부에서는 잘 안 보이지 않는 곳이다.

골프장에 입장하자 자오쯔양(趙紫陽) 총리가 가족과 함께 행복한 모습으로 라운딩을 하고 있었다. 2년 후 그가 총서기로 영전된 지 몇 개월 만인 1989년 6월 톈안먼 사건으로 권좌에서 돌연 실각하게 된 것을 보고 인생무상을 실감하게 됐다.

중국 외교부 간부 서울국제회의 참가

베이징 WHO 회의를 다녀온 지 얼마 지나 서울 롯데호텔에서 세계관광기구(World Tourism Organization, WTO) 회의가 개최되었다. 당시 중국인 등 미수교 국민이 입국하면 명단이 자동으로 외무부 담당부서에 통보되는데, 어느 날 WTO에 참석한 중국 대표단 중 닝푸쿠이(寧賦魁)라는 이름으로 국가 여유국 과장이 포함되어 있는 것을 발견하였다. 이것은 중국 외교부 조선처장의 이름으로 홍콩, 일본, 미국 공관 보고서를 통해 익히 알고 있는 사람이었다. 동명이인인가 하는 생각도 들었지만 교통부 주관 부서에 연락하여 일정을 확인해 보니 도착 당일 교통부장관 주최 환영만찬이 예정되어 있기에 나도 참석하게 되었다.

닝푸쿠이 씨 옆 좌석에 앉아 명함을 건네면서 초면 인사를 하였다. "내가 알기로는 외교부 조선처장으로 닝푸쿠이 씨가 있다는데 혹 동명이인인가요?" 하고 물었더니 빙긋 웃기만 할 뿐 대답은 하지 않았다. 암묵적으로 시인하는 눈치였다. 그는 여유국 소속 대표단원의 좌장 역할을 하고 있었다.

더 이상 캐묻지 않고 만찬이 끝날 무렵 "모처럼 한국에 오셨는데 많은 것을 체험하길 바란다"는 말과 함께 혹시 도움이 필요한 것 없느냐고 호의를 보이자 "제주도에 한번 가 보고 싶다"고 했다. 나는 즉시 교통부 관계자에 부탁하여 일정에 포함시키도록 조치했다. 중국에 근무하는 동안 알고 보니 제주도는 중국인 누구나 한 번쯤 가고 싶어하는 동경의 대상이었다. 타이완에 사는 중국인도 마찬가지였다. 중국 천하를 통일한 진시황은 불로장수를 위해 제주도에 신하를 보내 불로초를 구해 오도록 한 유래가 있다.

내가 바로 얼마 전 베이징에서 열린 WHO 서태평양지역 총회 참석 명목으로 베이징을 방문한 것처럼 중국 외교부 조선처장의 입장에서도 한국을 한번 다녀가고 싶었을 것이다. 나의 중국 입국 사실이 그에게도 알려져 비슷한 방법으로 방한했을 것으로 추측되었다.

세월이 한참 지나 1991년 1월 베이징에서 무역대표부 창설 반장으로 부임하여 반갑게 재회하게 되었을 때 후일담으로 "그때는 정부의 지침에 충실하느라 어쩔 수 없었다"고 술회하면서 서로 크게 웃었다.

90년 베이징아시아경기대회 한국 대표단 연락사무소 설치 양해

중국은 1988년 서울올림픽에 선수단을 대거 파견했다. 그런데 그 중에는 선수나 임원 모자를 씌워 파견한 기술자들이 많이 포함되어 우리 올림픽 운영 노하우를 염탐 또는 습득해 간 것으로 파악되었다.

우리는 한·중 수교가 안 된 상태에서 한국 대표팀의 1990년 베이징아시아경기대회 참가 업무를 원활히 수행하기 위해서는 베이징에 상주 연락사무소 설치하는 것이 긴요하다고 판단되어 중국 측에 누차 우리 연락사무소 설치를 허가해 주도록 요청해 오던 터였다. 중국이 88서울올림픽에 참가한 것을 계기로 마침내 이러한 우리 요청을 받아들여 베이징아시아경기대회 개막 6개월 전부터 내가 베이징에 상주할 수 있도록 양해되었다. 이로써 90년 베이징아시아경기대회 우리 대표팀의 참석을 위한 사전준비 작업이 보다 확고한 토대 위에서 전개될 수 있게 되었고, 한·중 수교를 위한 현지 활동도 가능하게 되었다.

아무튼 중국의 88서울올림픽 참가는 한·중 수교의 발판을 마련하는 데 큰 기여를 하게 되었으며 수교에 이르는 데 아주 중요한 여건을 조성한 셈이었다.

 제2장 수교 이전 비정치 분야의 접촉과 교류

산둥 성 무역대표단
상호 방문으로 직교역 실현

중국 정부, 산둥 성과 한국과의 경제·무역·문화 교류 허용

서울 강남구 논현동에서 신동아한의원을 경영하는 화교 한의사 한성호 씨가 『중한 우호의 전기인물 한성호』에서 기술한 바에 의하면, 한국의 제13대 대통령으로 취임한 노태우 대통령이 1988년 3월 주치의인 한 원장을 청와대로 불러 북방정책 구상을 설명하면서 중국과의 관계 개선이 중요하니 교량 역할을 해 줄 것을 당부한 것으로 나와 있다.[6]

한성호 원장은 홍콩에서 무역업을 하는 산둥 성 출신 장석구 사장(산둥 성 정협상무위원)을 통해 1988년 4월 11일 산둥 성을 방문하여

---

6) 한성호(2007), 『중한 우호의 전기인물 한성호』(흑룡강 조선민족출판사), pp.175~177

노태우 대통령의 의중을 전달하게 했다. 산둥 성 정부는 이를 중앙에 보고했고, 정부(국무원)는 즉각 산둥 성과 한국 간 경제교류를 통해 중·한 우호교류를 촉진시키라고 지시했다는 것이다.

그 직후 한 원장은 장 사장과 함께 4월 16일 산둥 성 지난(濟南)에 도착해 장춘원(姜春雲) 당위원회 부서기 겸 성장(省長)을 면담하고 저간의 상황을 설명하였다. 그러자 장춘원 성장은 "한국과 외교관계는 없지만 경제교류는 정치와 무관하다. 또 중·한 우호관계 촉진을 위해 평등과 자주의 원칙 하에 한국과 경제 합작과 무역 촉진, 문화교류를 강화하자"면서 성 정부의 입장을 밝혔다.[7]

한성호 원장은 장춘원 성장의 요청에 따라 중국국제무역촉진위원회(CCPIT) 산둥 성 분회장인 리위(李瑜) 명의로 발급된 초청장을 받아 귀국하였다. 이를 토대로 한국의 관·민 무역대표단이 그해 6월 11일부터 18일까지 산둥 성을 방문하게 되었다.

한국 관·민 무역대표단 산둥 성 방문

대표단은 김우중 대우그룹 회장을 단장으로 노 대통령의 처남인 김복동 KOTRA 고문(퇴역 중장, 육사교장과 광업진흥공사 사장 역임), 한성호 신동아한의원 원장, 효성물산, 삼성물산, 럭키금성, 선경, 쌍용, 고려합섬 등 종합상사 CEO, 외무부, 상공부 등 정부관리, 도합 15명으로 구성되었다. 나를 비롯한 정부 관리는 대한상공회의소, 전경련 등 경제단체 소속 간부 명의로 참여했다.

---

7) 한성호, ibis, p.183

우리 일행은 홍콩에 집결하여 1박 한 후 상하이 공항을 경유하여 칭다오에 도착했다. 상하이 훙차오(虹橋) 국제공항에서 환승을 기다리는 동안 공항 밖으로 나와 부근을 돌아보았는데, 공항 청사는 물론 주변 부속 시설이 무척 낙후되어 대도시 국제공항이라고는 믿기 어려울 정도였다. 공항 출입 도로는 장기간 보수하지 않고 방치된 탓인지 노후 차량이 지날 때마다 소음과 흙먼지가 일어 걷기에 불편하여 곧 되돌아오고 말았다.

동행한 한성호 원장은 바로 며칠 전 산둥 성 고향 방문 이야기를 들려주었다. 1949년 타이완으로 탈출하기 직전까지 살았던 고향집에 가 보았더니 벽에 발라둔 벽지가 아직 그대로 남아 있더라는 것이었다. 이로써 개혁개방 이전의 중국 사회가 얼마나 정체되고 낙후되어 있는가를 가히 짐작할 수 있었다.

상하이 공항을 이륙한 비행기가 칭다오 공항에 착륙할 무렵 갑자기 천장 에어컨에 고여 있던 물이 한꺼번에 쏟아져 내리는 바람에 김복동 고문의 머리와 옷이 흠뻑 젖는 등 황당한 일도 벌어졌다.

산둥 성에서의 일정은 칭다오-웨이하이-옌타이-지난 등으로 짜여졌는데, 마지막 이틀은 지난 소재 성 정부 회의실에서 한·중 경제무역회담이 열렸다.

이 회담에서 쌍방은 민간 무역에 관해 다음과 같이 합의했다.

  1) 중국 측은 CCPIT, 한국 측은 KOTRA 명의로 교역한다.
  2) 상호 무역 관계자에게 1개월 기한의 입국 비자를 발급한다.
  3) 상호 서울과 지난에 경제무역회사 지점을 설치한다.
  4) 상호 합자 하에 인천과 웨이하이에 항운회사를 설립하고 직접 교역한다.

5) 투자보장, 관세문제는 추후 협의하기로 한다.[8)]

　장춘원 성장은 공식 직책이 아닌 CCPIT 산둥 성 분회의 민간인 고문 자격으로 우리 대표단을 만나 주었으며, 중국 측은 회담 중에 시종일관 '민간교류'임을 강조하는 등 원칙에 충실하면서 실익도 추구하려는 모습이 역력했다. 양측이 서울과 지난 사이에 무역창구 기업 사무소를 두고 입국 비자를 발급하기로 합의한 것은 매우 의미가 있으며, 이를 계기로 비로소 직접 무역이 실현된 것이다.
　우리 기대에는 미흡한 회담 결과였으나 무에서 유를 창조해야 하는 상황에서 거둔 성과이기 때문에 자족할 수밖에 없었다. 양측 상사는 그동안 제3국을 통하거나 보따리장사 등으로 근근이 간접 무역을 이어오던 터였다.
　대표단장인 김우중 회장은 일행과 약 일주일간 여행하는 동안 그룹 일로 가끔 자리를 비웠는데, 수행비서만 데리고 이른 새벽녘에 나갔다가 저녁 늦게 돌아오는 경우가 있었다. 중국 내 투자기업 일을 직접 처리해야 할 긴급사항이 있어 다녀온다는 것이었다. 그는 대기업 회장이지만 매사 크고 작은 일을 직접 챙기는 등 열정적인 모습이 인상적이었다.
　사실상 대우그룹은 중국 진출에 있어 국내 어느 기업보다 발빠른 움직임을 보여 이미 이보다 4~5년 전부터 중국 푸젠 성 푸저우(福州)에 냉장고 생산공장을 설립, 운영해 오고 있는 터였다. 냉장고 생산 자체는 괄목할 만한 성공을 거두지는 못했으나 대우그룹의 중국

---

8) 한성호, ibis, p.194

진출 확장 기반 형성에 큰 기여를 하였으며 그룹 이미지 홍보에도 좋은 효과를 거둔 것으로 알고 있다.

김 회장은 이러한 사업 경험을 바탕으로 산둥 성 산업시찰 중에도 투자환경과 관련하여 실질적이고 날카로운 질문을 제기함으로써 중국 관계자들이 답변하는 데 애를 먹기도 했다. 하지만 1997년 갑자기 불어닥친 IMF 금융위기로 대우그룹이 해체되는 불운을 겪게 된 것을 무척 안타깝게 생각한다.

산둥 성 무역대표단 한국 방문

1988년 8월 25일에는 산둥 성 대표단이 일주일간 한국을 답례 방문했다. 리위 CCPIT 산둥 성 분회장을 단장으로 한 대표단 방문을 처음에는 비밀로 하려 했는데 결국 언론에 노출되었다.

대표단이 김포공항에 도착할 때 보도진의 취재 경쟁이 매우 치열했는데, 특히 현재 민주통합당 의원인 박영선 MBC 기자가 돋보였다. 그녀는 내게 달려와 뭔가 캐내려고 무던히도 애를 썼으나 나는 노코멘트로 일관할 수밖에 없었다.

대표단의 일정은 노 대통령의 지대한 관심 속에 청와대 예방과 주요 산업시찰 등으로 짜여졌다. 방한 이틀째 서울에서 비공개 회담을 진행했는데, 지난 6월 산둥 성에서 합의한 사항을 재확인 서명함으로써 양국 간 경제교류와 협력이 정식으로 개시되었다. 이와 같이 노태우 대통령 취임 후 한·중 관계에 가시적인 진전을 보이는 가운데 대통령 주변 인사들은 물론 안기부, 경제기획원, 상공부 등 정부 관계 부처 간에 서로 공적을 다투는 듯한 모습이 엿보이기도 했다.

◉ 한국 대표단의 첫 방중 때 투숙했던 산둥 성 칭다오의 영빈관(八大關賓館) 모습.
2011년 가을 23년 만에 다시 찾아본 이 호텔은 건물 외양과 로비 일부만 수리되었을 뿐
옛모습 그대로였다.

◉ 장춘원 산둥 성장이 산둥 성 지난에서 처음 중국을 방문한 한국 대표단을 접견한 뒤 기념촬영을
했다. 사진 아래줄 왼쪽 두 번째부터 김복동 고문, 장 성장, 김우중 단장,
리위 산둥 성 CCPIT 분회장, 한성호 신동아한의원 원장.

◉ 산둥 성 지난 방문 중 국내 기업인들과 유적지를 돌아보는 한국 대표단.
대표단 고문인 김복동 전 육사교장(앞줄 왼쪽 두 번째)과 필자(뒷줄 왼쪽에서 두 번째),
허정욱 효성물산 사장(앞줄 왼쪽 첫 번째).

 제2장 수교 이전 비정치 분야의 접촉과 교류

한국 관·민 경협대표단 베이징, 랴오닝 성 방문

김복동 KOTRA 고문이 이끄는 경제무역대표단이 이처럼 성과를 거두게 되자 청와대 고위직에 있던 대통령의 또 다른 친인척도 자신의 주도로 경제기획원 대외정책조정실이 주관하는 국제민간경제협의회(International Private Economic Council of Korea, IPECK)를 창설했다. 그는 이한빈 전 부총리를 회장으로 영입하고 1989년 초부터 베이징과 랴오닝 성(遼寧省) 방문을 추진했다.

원래 이한빈 회장이 대표단을 이끌 예정이었으나 노 대통령의 조정으로 이 회장 대신 김복동 고문과 김우중 대우회장 등 산둥 성을 방문했던 종합상사 CEO, 권문용 경제기획원 대외정책조정실장(강남구청장 역임) 등이 추가로 합류했다.

IPECK 대표단 베이징, 랴오닝 성 방문

나는 당시 동북아2과장직을 차석인 이선진 서기관(주인도네시아 대사 역임)에게 인계하고 홍콩총영사관 부총영사 부임을 기다리고 있었다. 그런데 장관실에서 보자고 하여 갔더니 최호중 외무장관이 "내일 아침 IPECK 대표단과 함께 베이징과 랴오닝 성으로 떠날 준비를 하라"고 했다. 당초 이 방문 계획은 대통령 주변 인사와 정부 유관 부처 간의 이견으로 결정을 짓지 못하다가 막판에 고위층의 개입으로 전격 확정된 것으로 보였다.

대중국 수교 문제가 대통령의 중대 관심사항이고 미수교국과의 관계였기 때문에 외무부로서는 주동적 역할을 할 수 없는 상황이었지만, 진행 상황을 파악하고 점검하면서 올바른 정책을 건의하기 위해 적극 참여하게 되었다.

우리 대표단은 홍콩을 경유해 베이징 서우두 공항에 도착했는데, 초청자인 국제신탁투자공사(CITIC)의 안내로 젠궈 호텔(建國飯店)에 여장을 풀었다. 이 호텔은 중국 공안기관이 직접 투자해 운영하며 댜오위타이(釣魚臺) 국빈관과 함께 중국을 찾는 고위 인사들의 숙소로 활용하고 있었다.

도착 당일 오후 베이징 젠궈먼와이다제(建國門外大街) 입구에 있는 CITIC 본사 회의실에서 룽이런(榮毅仁) 회장과 면담한 뒤 회담이 이어졌다. 이 회담에는 중국국제무역촉진위원회(CCPIT) 정훙예(鄭鴻業) 회장도 배석했다.

룽 회장은 원래 중국 장쑤 성 우시(無錫) 출신 자본가의 후손으로 1949년 공산화가 된 후 대부분 홍콩이나 타이완으로 탈출했지만 유독 대륙에 남아 신중국 건설에 기여한 인물이다. 그는 1978년 개혁개방정책 추진 이후 덩샤오핑 노선에 의한 실용주의 경제건설의 주역을 담당하면서 훗날 국가부주석까지 오른 인물이다.

베이징으로 출발하기 전에 톈지윈(田紀雲) 경제담당 부총리와의 면담 가능성에 대한 이야기가 있어 기대를 하고 갔으나, 그건 결국 실현되지 못했다.

중국 룽이런 회장, 경협차관 가능성을 타진하다

중국 측과의 회담에서 김복동 고문과 김우중 대우그룹 회장은 "서울올림픽에 중국이 참가해 줘서 잘 끝났고 한·소 수교도 됐는데 중국이 수교를 주저할 필요가 있느냐"라고 반문하면서 조속히 수교하자고 제의했다. 그러자 룽이런 회장은 "아직 북한의 견제가 심하니 좀 더 기다려 달라"는 말만 되풀이하면서 의미심장한 말을 한 마디 툭 던졌다.

CITIC가 조사해 본 결과 한국은 구소련과 수교할 때 35억 달러 상당을 장기 저리로 주었다고 하는데 중국에도 경협차관을 줄 수 있겠느냐는 것이었다. 당시 국내에는 구소련 35억 달러 차관에 대해 "돈 주고 수교를 산 게 아니냐"는 비판 여론이 비등한 상황이었다.

이에 대해 김복동 고문은 뭔가를 느낀 듯 이날 저녁 식사를 마친 후 권문용 실장과 나를 포함한 정부부처 실무자를 자신의 방으로 불렀다. 그리고 CITIC의 문의에 대해 어떻게 생각하느냐고 의견을 물었다. 나는 이에 대해 부정적인 의견을 제시했다.

"구소련에 대한 차관은 정부가 정식으로 보증하고 수교 조건으로 제시한 것임에도 국내 여론이 좋지 않습니다. 톈지윈 부총리도 만나 주지 않고 수교에 대한 보장도 없는데 잘못하다간 차관만 받아가고 수교는 실현되지 않을 수도 있습니다. 설령 수교까지 이른다 해도 차관을 준다면 국내 여론이 악화될 것은 명약관화합니다. 더군다나 비밀리에 달라는 그런 요구는 무리라고 생각합니다."

그러자 김복동 고문은 다소 실망하는 모습을 보이면서도 "우리 공무원들이 애국적으로 잘 생각하는 것 같다"면서 실무진의 의견을 적극적으로 받아들이고 그건 없었던 일로 정리했다.

하마터면 큰 과오를 범할 수도 있었던 문제를 미연에 방지할 수 있었기에 보람도 있고 다행스러운 생각이 들었다.

이번 베이징에서 기대했던 톈 부총리와의 면담은 실현되지 못하

한국 대표단이 두 번째 방중 기간 랴오닝 성 선양의 누루하치 묘 기념관 앞에서 기념촬영을 했다. 왼쪽에서 일곱 번째가 고 김복동 대표단 고문, 오른쪽에서 네 번째가 필자.

제2장 수교 이전 비정치 분야의 접촉과 교류 | 61

였지만 주변 사람들의 도움으로 보이보(薄一波) 국가부주석과의 면담이 이루어졌다. 지금은 세상을 뜬 보 부주석은 당 8대 원로로 최근 실각한 보시라이(薄熙來) 전 충칭 시 당서기의 아버지다.

그와의 면담 때는 배석자 수 제한으로 나는 참석하지 않았지만 면담 후 김복동 고문이 전해 준 바에 의하면, 고령의 보 부주석은 키가 크고 당당한 풍채에 덕망도 있고 권위와 위엄도 높아 보였으며, 김 고문이 "한·중 관계를 잘 발전시켜 수교를 앞당기자"고 했더니 함축적인 말로 "황해는 유유히 동해로 흐른다. 서두르지 말라. 우리도 생각이 있다"라고 함으로써 수교 시기가 임박해 오고 있음을 암시하더라는 것이었다.

현장에 있지 않아 보 부주석의 정확한 발언 내용은 알 수 없으나 "청산은 흐르는 물을 막을 수 없으며 필경에는 동쪽으로 흘러간다(青山遮不住 畢竟東流去)"는 중국 남송의 문장가 신기질(辛棄疾)의 사(詞) 한 구절이 아닌가 생각된다.

리창춘 랴오닝 성 성장 예방

베이징에 이어 랴오닝 성 선양을 방문하여 당시 중국에서 최연소 성장(省長)으로 고속 성장이 예견되어 있던 리창춘(李長春) 등 관련 인사들을 만난 것도 대중국 접촉사에 남을 만큼 의미가 컸다.

정스린(鄭士林) 랴오닝 성 대외경제무역위원회 주임은 우리 대표단을 접견해 투자유치와 양국 간 협력 방안 등을 놓고 진지하게 의견을 교환했다. 특이한 점은 우리가 산둥 성을 먼저 방문한 것을 의식해서인지 "산둥 성보다 랴오닝 성이 투자 환경면에서 더 유리하다"고 설명한 것이다. 우선, 조선족 동포가 많고 같은 민족인 북한과 가까운 점 등을 들어 우리에게 더욱 적극적인 투자유치를 권유했다. 마치 한국을 두고 산둥 성과 경쟁적으로 투자를 유치하려는 기색이 엿보였다.

정스린 주임은 먼 후일 한·중 수교 후 내가 주상하이 초대 총영사로 부임했을 때 관할 지역인 장쑤 성 성장으로 재임하고 있어 난징에서 재회한 뒤에도 친밀한 관계를 유지했다.

랴오닝 성 일정 중 산업시찰로 다롄(大連) 경제개발구를 방문했는데 선양-다롄 제1호 고속도로가 휑하니 뚫려 있었다. 아시아개발은행(ADB) 차관을 받아 중국 최초로 건설하였다는데, 이 고속도로를 일거에 달려 다롄에 도착하니 격세지감이 느껴졌다.

중·소 밀월 시기에 소련의 경제원조로 건설한 선양제철소를 시찰하면서 놀란 것은 제철소를 선양 시내 중심가에 세워 놓은 것이었다. 어떻게 대도시 중앙에 제철소가 있느냐는 지적에 소련이 시민들의 생활환경은 전혀 생각하지 않고 영빈관 바로 앞에 세웠다는 것이다. 다음날 아침 산책을 나섰다가 시커먼 연기가 5개의 굴뚝에서 뿜어져 나오는 것을 보고 산책을 단념하고 말았다.

어쨌든 당시 리창춘 성장은 우리 대표단을 극진히 대접했다. 다만 한 가지 아쉬운 점은, 안중근 의사가 순국 전 수감되어 있던 뤼순(旅順) 감옥이 다롄 시내에 있어 가 보고 싶었는데 이곳에 해군기지가 있어 금지 구역이라 못 들어간 것이다. 랴오닝 성은 허허벌판인 다롄 경제개발구에 투자를 적극 요청했다.

중국 CCPIT 회장, 한국 코트라 간 무역사무소 설치 제의

관·민 경협대표단이 베이징과 랴오닝 성 방문을 마치고 돌아온 지 얼마 되지 않은 1989년 1월 정훙예(鄭鴻業) 중국국제무역촉진위원회(CCPIT) 회장이 이선기 대한무역투자진흥공사 사장 앞으로 서한을 보내 왔다. 내용은 "상호 무역 촉진을 위해 양 기관의 사무소 설치를 협의하자"는 것이었다.

그리하여 3월에는 베이징, 5월경에는 서울에서 회담을 하기로 했다. 하지만 나는 그해 3월 주홍콩 총영사관 정무담당 영사로 발령이 나서 서울 회담은 동북아2과 차석이며 후임인 이선진 과장이 참석했다. 정훙예 회장의 무역사무소 개설 제의와 관련해 한국은 포괄적인 명칭을 사용하고 정부 간 합의를 주장한 데 반해, 중국은 기관사무소 명칭으로 하고 합의도 기관 간 하자고 하는 등 양측의 기본 입장 차이로 합의 도출에 실패했다. 그 후 1989년 6월 톈안먼 사건으로 인해 회담은 무기한 연기되었다.

 제2장 수교 이전 비정치 분야의 접촉과 교류

한·중·일 3자 회담과
한·중 양자 어업회담

서해에서 한·중 어선들이 영해를 침범하거나 태풍 등 악천후 때 피항 등으로 인한 충돌과 분쟁은 두 나라의 오랜 고질적인 문제였다. 그래서 양국은 수교 전부터 원만한 해결 방안을 모색하는 등 노력을 기울여 왔다.

1980년 중반에 들어 서해에서 조업하던 중국 어선들이 태풍 등 기상 악화 시 우리 영해로 피항해 오는 사례가 점점 늘어나기 시작했다. 급기야 수천 척에 달하는 어선들이 집단으로 피항해 옴으로써 우리 어부들이 공포감을 느낄 정도였다.

또한 단순한 피항만이 아니라 닻을 내리고 고기를 잡아가기도 하여 자주 충돌이 발생했다. 우리 어선들이 쳐놓은 어망을 찢고 도망하는 등 행패도 자행했다. 피항을 요청하는 중국 어선들을 마냥

쫓아낼 수도 없는 상황에서 이를 규제하기 위한 방법을 모색하기 위해 국제법상 긴급 피항 및 조난구조 등에 대한 협약 등에 근거한 해결책 마련이 절실하게 되었다.

1985년 5월 서해에서 발생한 중국 해군 어뢰정 난동사건 때 구축해 놓은 홍콩 신화사 채널을 통해 어업분쟁 해결을 위한 협상을 끈질기게 제의해 보았으나 중국으로부터는 기대했던 반응이 오지 않았다.

도쿄에서 열린 한·중·일 어업회담

그러던 중 1989년 3월, 중국은 홍콩 신화사를 통해 중·일·한 3자 어업회담을 일본 도쿄에서 개최하자는 회신을 보내 왔다. 그동안 한·일 간 또는 중·일 간 어업회담을 정기적으로 개최되어 왔으나 한·중·일 3자 협상은 처음이었다. 시기는 4월 중이 좋겠으며 의제는 당시 한·중·일 주변 연안 해역이 무분별한 남획으로 인해 어족 자원 고갈이 심각한 상황인 점을 고려해 공동이해가 걸린 어족자원 보호방안 등에 관하여 논의하기로 했다.

중국 측은 농업부가 동황해어업협회라는 민간기관을 창설하여 그 명칭으로 참가하겠다고 통보해 왔다. 우리는 수협중앙회 명의로 참석하고, 일본은 대일본수산협회가 주최 측으로서 회담을 주재했다.

한 달 전 주홍콩 총영사관 영사로 부임한 나와 본부 동북아2과 차석이던 황정일 서기관(2007년 주중 대사관 정무공사 재임 중 순직)이 수협중앙회 소속으로 참석하였다. 중국 대표는 쑹즈원(宋之文) 농업부 부국장이 동황해어업협회장 명의로, 한국 대표단은 이종휘 수협

중앙회 부회장을 단장으로 김재철 동원산업 회장(추후 대한무역협회장 역임) 등 원근해 수산업계 대표 다수가 참석했다.

한국, 중국 그리고 일본은 모두 어업협상에 임하는 목적이나 의도는 각기 달랐다. 문자 그대로 동상이몽이었다. 먼저 한국의 경우 어족자원 보호보다는 긴급 피항을 이유로 한 중국 어부들의 무분별한 영해 침범과 불법 어로, 이로 인한 우리 어민들의 피해가 빈발하여 이를 방지하기 위한 어업 질서 확립이 급선무였다. 회담에 임하기 전 우리는 어민들의 피해사례들을 취합하는 한편, 업계 대표들로 하여금 회담에 직접 참여하여 중국으로부터 보상이 이루어지도록 배려했다.

중국의 협상 목표는 태풍 등 위급상황에서 자국 어민들이 한국 연안으로 대피함으로써 파생되는 문제 해결 방안을 협의하자는 우리 요구를 계속 무시만 할 수 없기 때문에 회담에 응하였고, 우리와 자국 어민의 안전 피항과 해난구조 등 문제를 논의하는 데 주목적을 두었으나 어족자원 보호 등에는 별 관심이 없어 보였다.

반면 일본의 경우 어족자원 보호가 협상의 중점이었다. 일본은 어선 수도 많고 선진화된 어선시설을 갖추고 있어 어족자원이 고갈되어 가는 것이 주된 관심사였다.

서울에서 한·중 어업회담을 갖다

앞의 세 나라의 입장을 보건대 한·중 두 나라의 접근은 속도감 있게 진전될 수 있었다. 당초 3자 회담을 추진하고자 한 우리의 참뜻은 장기 목표인 한·중 수교를 염두에 두고 중국과의 공식적인 접촉

창구를 마련하는 데 비중을 두었다. 중국을 끌어들이기 위해 중간 과도 수단으로 3자 회담을 활용하려는 전략이었다.

한·중 대표단은 양자회담이 필요하다는 것을 공감하고 가까운 시일 내에 서울과 베이징에서 다시 만나기로 약속하였다. 홍콩으로 복귀한 나는 신화사 측과 접촉하는 등 1차 양자회담을 서울에서 갖자는 메시지를 보냈다.

그러자 중국 동황해어업협회 쑹즈원 회장으로부터 즉각 4월 중순경 대표단을 이끌고 방한하겠다는 의사를 전해 왔다. 홍콩 신화사 채널을 통해 보낸 메시지에 중국 측이 이례적으로 화답해 온 것을 보니 우리의 집요한 노력에 중국 측이 호응을 해 오는 것 같아 매우 고무적이었다.

서울 회담은 종로구 수운회관에 있던 수협중앙회 회의실에서 정중하게 개최되었다. 회의에서는 한·중 어민 간 질서 있는 조업과 어업 분쟁 방지방안을 의제로 진지하게 토의하였다. 중국 측은 갑작스런 기상 악화 때 중국 어선이 대규모로 한국 연안으로 피항할 수밖에 없다는 점과 그간 한국에 많은 부담과 피해를 주었음을 인정하면서 우리의 호의적 조치와 배려에 사의를 표했다. 그리고 한국 어선이 중국 연안으로 긴급 피항한 사례도 있음을 지적하고, 양측이 서로 질서를 지킬 것과 상호 피해가 발생할 경우 적절한 배상이 이루어지도록 노력하자고 다짐하였다.

우리는 중국 어선의 질서 있는 피항 방안으로 입항 시 사전 통보해 줄 것과 소흑산도와 제주 화순항을 피항 지역으로 지정하였다. 그리고 양측 어민의 피해사례를 취합하여 차기 베이징 회담 때 상호 청산하는 방안과 해난구조 시 선박 간의 통신에 필요한 주파수

통고 등을 논의하였다. 중국 측은 제2차 어업회담을 5월 하순 베이징에서 개최하자고 하며 한국 대표단 방문을 정식으로 초청하였다.

베이징 회담과 톈안먼 시위현장

1989년 5월 23일부터 열린 베이징 회담에 참석할 우리 대표단의 도착 일시에 맞추어 나는 5월 23일 홍콩에서 베이징으로 향했다. 본부에서는 동북아2과 차석 황정일 서기관이 수협 대표단과 함께 도착해 있었다.

이날은 6·4 톈안먼 사건 발발 직전으로 반정부 시위가 전국으로 확산되는 등 극도의 혼란상태가 지속되고 있는 중이었다. 베이징 서우두 공항에서 시내로 들어가는 도로는 베이징 외곽지역으로부터 모여든 시위 군중들이 점령한 가운데 머리띠를 두르고 격렬한 반정부 구호를 외치고 있었다. 2년 전 WHO 서태평양지역 회의에 참석하러 왔을 때는 우리나라 시위 상황을 텔레비전 뉴스로 계속 방영하는 것을 보고 중국이 역으로 위험해질 수도 있다는 생각이 들었는데 이것이 현실화된 느낌이었다.

주지하는 바와 같이 6·4 톈안먼 사건은 진보적 성향의 후야오방(胡耀邦) 당총서기가 양상쿤(楊尙昆) 주석과 리펑(李鵬) 부총리 등 보수세력에 의해 학생들의 민주화 요구에 미온적으로 대처한다는 이유로 1987년 실각된 후 1989년 4월 15일 갑자기 사망하자, 그를 추모하기 위해 대학생과 시민들이 톈안먼 광장에 모여들면서 발발하였다.

시위대는 처음에는 그의 명예회복을 요구하다가 점차 고위간부 부정부패 척결 및 정치민주화 등을 주장하며 반정부 시위로 확대되었고, 6월 4일 새벽 실권자 덩샤오핑 군사위 부주석의 강경 진압 명령에 따라 수많은 사상자를 내고 진압된 사건이다.

홍콩에서 사태의 심각성을 알고 갔지만 내부에 들어가 보니 한치 앞을 내다보기 어려울 정도로 정세가 악화일로였다. 쿤룬 호텔에서 자고 이튿날 아침 산책을 하러 주변 공원에 나가 보았더니 많은 주민들이 휴대용 라디오를 들고 경청하는 모습이 여기저기 눈에 띄었다. 삼삼오오 모여 앞으로 중국 정치사회가 어떤 방향으로 나아갈지 이야기하며 궁금해 하는 듯했다.

어업회담은 예정대로 농업부 회의실에서 개최됐다. 서울 회담에서 합의가 이루어진 긴급 피항과 어선 해난구조, 어민 피해보상 방법 등에 관한 세부사항을 재확인하고 취합해 간 우리 어민 피해에 대한 중국의 보상과 청산에 관하여 협의했다.

중국 측은 우리 대표단을 위해 농업부 산하 수산위원회 샤오펑(肖鵬) 위원장 주최로 성대한 만찬을 베풀어 주었다. 하루는 만찬 후 호텔로 돌아오는 길에 농업부 소속 차량으로 창안다제(長安大街)를 거쳐 톈안먼 광장 주변 시위 상황을 돌아보게 되었다.

경찰 호위를 받아 시위 군중들 사이를 지나가는데 반정부 구호가 적힌 현수막이 즐비하였다. "양상쿤, 리펑 샤타이(下臺, 하야)하라. 민심이 천심이다"라는 노골적인 구호가 난무하였다. 그런 중에도 "덩샤오핑 하야하라"는 구호는 보이지 않았다.

동승한 쑹 부국장에게 "향후 중국의 미래를 어떻게 보느냐"고 걱정어린 질문을 던졌더니, 그는 "중국은 궁극적으로 앞으로 나아가지 퇴보는 없다"라는 말로 중국의 장래에 대해 의연한 자세를 견지하였다. 이러한 쑹 부국장의 모습을 보며 중국인 중에 체구는 비록 작지만 무게가 있어 보이는 풍모를 느낄 수 있어 매우 인상적이었다.

중국 연안지역 어업시설 시찰

중국 측은 베이징 회담을 마치고 웨이하이(威海), 옌타이(煙臺), 칭다오(靑島), 광저우(廣州) 등 연안지역의 어업시설 시찰 일정을 주선했다. 베이징에서 칭다오까지는 당초 열차편을 이용할 계획이었으나 당국이 지방에서 올라온 학생 시위대를 소산시키는 데 베이징발 기차를 총동원하는 바람에 열차 이용이 불가능하여 중형 마이크로버스로 이동하게 되었다.

중국 수석대표인 쑹즈원 동황해어업협회장이 친히 동승하여 5월 25일 이른 새벽 베이징을 출발하여 톈진과 탕산을 지나 정오쯤 베이다이허에 도착하였다. 탕산은 1976년 발생한 강진으로 30여만 명이 희생된 소도시인데 폐허로부터 복구되어 새로운 도시로 탈바꿈하고 있었다.

잠시 휴식을 위해 정차하여 중국인들이 간식으로 즐겨먹는 유탸오(油條)와 더우장(豆醬)을 아침 식사 대용으로 맛있게 먹었다. 노면 상태가 좋지 않은 국도를 장시간 달려오다 보니 모두 허기를 채우기에 바빴다.

베이다이허는 보하이 만에 있는 유명 하계 휴양지로서 만리장성이 시작되는 산하이관(山海關)이 인근에 있는 좋은 관광지이다. 과거 베이징에 냉방시설이 잘 안 되었던 시절 공산당대회 등 주요 인사가 참가하는 행사가 이곳에서 개최되었으며 마오쩌둥, 저우언라이,

덩샤오핑 등 지도자들이 머물던 별장과 성벽 등 볼거리가 많아서 놀랐다.

또한 문화대혁명 때 마오쩌둥 주석의 후계자로 지명되었던 린뱌오(林彪) 전 국방부장이 쿠데타 실패 후 일가족과 함께 소련 망명을 시도했던 탑승 비행기가 이곳 군용 공항에서 이륙하여 몽고 상공에서 추락하였다고 전해진다.

보하이 만 해역에서 갓 잡아 요리한 풍부한 해산물 점심은 베이다이허 해변 모래사장 경치와 어울려 낭만의 극치였으며 이른 새벽부터 달려온 긴 여행으로 인한 피로와 허기를 채우는 데 그만이었다. 베이다이허를 지나 중국의 황해 연안지역을 따라 이어 내려오는 국도를 달려 산둥 반도로 향하였다. 한참을 달리니 해는 서산에 뉘엿뉘엿 넘어가는데 연안 유전지역에서 원유 퍼올리는 작업을 하는 모습이 눈에 띄었다.

중국 대륙을 동서로 수천 킬로미터를 관통하는 황허 강 어귀에 도달하니 저녁이 되어 예정에 없던 공공여관(招待所)에서 숙박하게 되었다. 황허 강은 듣던 대로 흙탕물이었으며 강어귀에 퇴적물이 쌓이고 쌓여 강바닥이 주변 농지보다 높아져 비만 오면 홍수 피해가 크다고 한다.

바다같이 넓은 황허 강 어귓둑 사이에 건설된 다리는 끝이 육안으로는 잘 보이지 않을 정도로 길었다. 이른 새벽 낚시꾼들이 다리 밑 강어귀에서 어른 팔뚝만한 잉어를 낚아 올리는 모습은 장관이었다.

시골 여관은 시설은 보잘것없으나 공공여관임에도 종업원들의 용모와 고객 서비스는 대도시 못지않았다. 이른 아침 식사를 마치고 출발한 버스는 웨이하이를 거쳐 옌타이에 정오쯤 도착하였다.

베이징 시위사태 관련 뉴스가 궁금하던 차 런민일보에 리셴녠(李先念) 전 국가주석이 시위 상황에 대해 초강경 입장을 밝힌 기사가 눈에 띄었다. 베이징으로 떠나기 전 격화일로에 있던 시위상황에 비추어 볼 때 과연 당국의 진압작전이 단행될 수 있을지, 또는 단행되더라고 성공할 수 있을지 의문시되는 상황이었다. 한참 지난 후 돌이켜보니 그때부터 톈안먼 시위 진압작전이 초읽기에 들어간 것으로 보였다.

웨이하이와 옌타이, 칭다오는 1년 전 산둥 성 경제무역대표단 방문 때 체류하였던 곳이라 나에게는 생소하지 않은 곳이다. 칭다오에는 밤늦게 도착하여 1박 한 후 수산전문대를 방문하고 견학을 마쳤다.

톈안먼 사건으로 인하여 예기치 않게 기차 대신 버스로 칭다오에 이르기까지 장장 하루 반 동안 긴 여행을 하면서 귀한 체험을 했다. 과연 중국은 큰 나라임을 새삼 느꼈다.

지루한 여행 중에도 친히 동승하여 안내해 준 쑹즈원 회장의 친절하고 흐트러지지 않은 모습 또한 아직도 기억에 남아 있다. 수많은 중국인 중에 그와 같이 덕망과 지성을 겸비한 인물은 드물다고 생각한다. 후일 꼭 다시 만나 회포라도 풀어보고 싶은 심정 간절하다. 칭다오에서 이틀을 보낸 우리 일행은 5월 28일 비행기로 남부 광저우로 향했다.

그동안 어업시설을 시찰하고 국공합작시절 군사훈련 시설로 사용되었던 황푸군관학교도 참관하였다. 장제스(將介石) 교장과 저우언라이 정치주임의 이름이 새겨진 사적과 당시 졸업생 명단 중 항일 독립의용군에 관여한 후 북한에서 군과 정부 고위직을 맡았던 최용건 등의 이름이 눈에 띄어 순간 역사의 아이러니컬한 일면을 생각하지 않을 수 없었다.

선전을 거쳐 홍콩으로 돌아오다

열차편으로 선전(深圳) 경제특구를 경유하여 홍콩 국경을 통과하였다. 1971년 홍콩에 처음 근무할 때 자주 찾아가 중국에 대한 꿈을 키워 오던 록마차오(落馬橋) 부근 뤄후(羅湖)역에서 출입국 수속을 하는 동안 잠시 감회에 젖기도 했다. 홍콩 주룽 반도 중심지인 침사초이역에 도착하니 5월 30일 늦은 저녁이었다. 주홍콩 부총영사로 재직 중이던 나만 남고 나머지 일행은 다음날 귀국했다.

중국의 정치적 혼란 속에서도 베이징 2차 어업회담이 시종 원만하게 진행되었고, 회담 장소도 중국 농업부 회의실에서 개최되는 등 형식만 민간이지 실질적으로는 정부 간 협력 수준으로 이루어졌다. 따라서 한·중 어업분쟁의 해결이나 어선 긴급 피난, 해난구조 원칙과 방침 등을 구체적으로 논의한 양자 공식협의를 통해 수교에 한 발짝 더 가까이 나아가게 되었다는 점에서 자못 의미가 깊었다.

 제2장 수교 이전 비정치 분야의 접촉과 교류

톈안먼 사건으로 일시 중단된 양자 접촉

홍콩에 귀임한 지 며칠 안 된 6월 4일 새벽 중국발 긴급뉴스로 전 세계가 요동쳤다. 톈안먼 광장에 수백 대의 탱크가 동원돼 수백 명에서 수천 명의 사상자가 발생한 것이었다.

중국은 국내적으로 자오쯔양(趙紫陽) 총서기 실각과 함께 권력이 개편되는 등 혼란스런 상황이 이어지고, 국제사회로부터는 대중 압박과 경제제재를 받는 등 내우외환에 직면하고 말았다. 따라서 이를 먼저 수습해야 할 처지에 놓이게 되어 한·중 간 모든 접촉은 일시 중단되었으며 그해 말까지 이러한 상태가 지속되었다.

홍콩에서 중국 내부 동향 파악에 주력하다

당시 홍콩 총영사관은 자오쯔양의 실각에 따른 중국 정부의 권력

구조 변화와 대한반도 정책 추이 등에 촉각을 곤두세우고 있었다. 장쩌민 상하이 서기가 일약 당중앙 총서기로 발탁된 후 리펑 총리, 양상쿤 주석 체제 하에서 보수파 중심의 권력구조가 어떻게 변화하고 남·북한 정책의 변화 가능성 등을 신속히 파악해야 했다.

다행히 1985년 5월 중국 해군 어뢰정 사건을 계기로 구축된 신화사 채널을 일부 활용할 수 있었다. 당시 신화사 홍콩 분사 책임자였던 쉬자툰(許家屯) 사장은 미국으로 망명하였고, 외사담당 부장인 쓰투창(司徒强)을 주로 만나 중국 정세와 대한 정책 동향을 파악했다. 쓰투 부장은 홍콩 내 대중국 민주화 시위의 대부로 알려진 쓰투화(司徒華)의 친동생으로 형제 간 이념 노선이 달라 주목을 끌기도 하였다.

그밖에 홍콩의 친중계 인사로 원후이보(文匯報) 사장이던 쩡다청(曾大成) 정협위원과 시사 월간 징바오(鏡報)의 쉬쓰민(徐四民) 사장 등을 만나 우리 정부의 변함없는 대중 수교 의지를 전달했다.

또한 홍콩 최대 영자신문인 사우스 차이나 모닝포스트(South China Morning Post) 중국 전문기자였던 윌리 람(Willy Lam), 데이비드 천(David Chen) 등 원로기자를 만나 중국 정세 상황을 수시로 파악하였다. 윌리 람은 톈안먼 사건 당시 저서인『자오쯔양 총서기 전(傳)』을 통해 자오 총서기의 실각을 예언할 정도로 정통한 분석력을 가져 중국 당국으로부터 한때 입국 금지 대상으로 지목되기도 했다.

1989년 늦가을로 기억되는데, 베이징에서 지인의 소개로 알게 된 난카이대학 교수이며 저명화가인 판쩡(范曾)이 홍콩에 와서 나에게 한국 입국 허가를 얻을 수 있도록 도와 달라는 전화를 한 후 프랑스 파리로 망명한 사건이 발생하였다.

당시 중국 정계의 실력자로서 국민의 신망이 두터웠던 리루이환(李瑞環) 중국인민정치협상회의(政協) 주석의 친구인 판 교수는 자오쯔양 계열이어서 당 고위층에 반감을 갖고 있었던 것 같다. 설마 망명할 것으로는 생각하지 않고 본부에 조회하여 비자를 발급해 줄 의향으로 "내일 공관에 한국 입국 비자를 신청하면 서울에 조회하여 발급해 주겠다"고 답하였다. 그 후 연락이 없어 궁금했는데 사흘 후 파리로 망명하여 기자회견 기사가 '중국 저명화가 파리 망명' 제목으로 대서특필 된 것을 보고 깜짝 놀랐다. 만일 이 화가가 서울로 갔을 경우 초래하게 될 문제점을 생각하니 아찔했다.

당장 중국 정부를 상대로 할 일이 많아진 상황에서 나의 중국 입국 자체가 어려울 수도 있었을 것이다. 판 교수와의 친분에도 불구하고 본부 조회 절차를 밟겠다는 방침을 밝혔으니 망정이지 편의상 예외적으로 처리했다면 고스란히 개인 신상에 미칠 부정적 영향은 물론 한·중 관계 개선이라는 국가적 임무 수행에도 차질을 초래할 수 있었다는 점을 생각할 때 공직자로서 마땅히 가져야 할 '정도'의 자세를 견지하는 것이 얼마나 중요한가를 절감했다.

톈안먼 사건에도 불구하고 중국에 진출한 기업들

톈안먼 사건에도 불구하고 우리 대기업들의 대중국 진출 열의는 식지 않았다. 특히 선경, 삼성, 럭키금성, 대우, 대한항공 등 기업들의 활동이 돋보였다. 대부분 과장급 주재원을 파견하여 조용히 중국 내 인맥을 구축하고 강화하는 데 힘쓰고 있었다.

선경은 노 대통령의 사돈기업으로 중국의 반응도 좋은 편이어서 유리한 입장이었다. 선경은 중국 젊은 공군 장성이자 작가로서 리셴녠(李先念) 전 국가주석의 막내사위인 류야저우(劉亞洲) 중국 펜클럽 회원을 1989년 12월 서울에 초청함으로써 대중국 진출을 위한 주요 인맥을 확보할 수 있었다.

  1990년 1월 내가 베이징아시아경기대회 연락관(아타셰) 자격으로 베이징에 처음 갔을 때 선경의 주선으로 류야저우를 만나게 되었는데, 매우 친절하고 우호적으로 대해 주어 좋은 관계를 유지할 수 있었다.

제3장

한·중 수교와 타이완의 반발

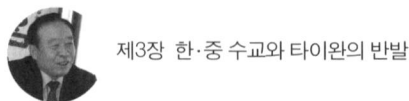
제3장 한·중 수교와 타이완의 반발

1990년 베이징아시아경기대회 참가와 무역대표부 교환 합의

나는 1988년 9월 서울아시아경기대회에 중국 선수단이 참가한 것을 계기로 1990년 9월 베이징아시아경기대회 한국 선수단 참가 준비를 하기 위한 연락관으로 내정됐다. 따라서 이 기회를 최대한 활용하여 조기 한·중 수교의 발판을 마련하겠다는 강한 의욕으로 가득 차 있었다.

베이징아시아경기대회 관련 각종 회의에 참가하다

1990년 초부터 베이징아시아경기대회 조직위에서 주관하는 회의 및 행사는 사소한 것일지라도 모두 참가하였으며 홍콩-베이징을 수시로 왕래하였다. 회의 참가는 물론 체류 일정을 연장하면서까지 홍콩과 도쿄의 지인들로부터 소개받은 중국의 광범위한 인사들을 만났으며, 직접 체험을 통해 당시 중국 정세 흐름과 대한반도 정책 추이 등을 관찰하고 파악하는 등 바쁜 일정을 소화하였다.

한번은 1990년 1월경 베이징 출장을 마치고 홍콩으로 돌아가기 위해 공항에서 탑승 수속을 하고 탑승구 앞에서 기다리고 있었다. 그런데 오후 2시 출발 예정이던 비행기 탑승구가 3시가 넘어도 열리지 않았다. 안내방송도 없었다. 무작정 기다리는데 도시락을 나눠 주었다. 점심 겸 저녁 식사를 한 셈이다. 항공사 직원은 무조건 기다리라는 말만 하고 지연되는 이유와 언제쯤 출발 예정이라는 안내도 없어 모두 발만 동동거릴 뿐이었다.

승객 가운데 인텔리로 보이는 여성 몇 명이 항공사 직원에게 강한 어조로 항의하였는데 이들은 홍콩 입법위원들이었다. 저녁 식사용 도시락을 또 나눠 주었다. 결국 밤 10시가 되어 탑승구가 열렸다. 경위를 알고 보니 원래 항공기는 중국 고위층 지시로 제3세계 국가에서 온 국가원수용 전세기가 갑자기 고장나는 바람에 대체 항공기로 징발되어 그 나라까지 태워다 주고 온 것이었다. 어처구니없는 일로 당시 중국 사회의 단면을 보여 주는 웃지 못할 해프닝이었다.

톈안먼 사건 후 중단된 양자 접촉을 재개해 보려고 외교부 산하 국제문제연구소 타오빙웨이 학술위원과 접촉을 시도해 보았으나 당장은 곤란하다며 추후 상황이 더 좋아지면 만나자는 반응이었다. 대신 홍콩 지인의 소개로 알게 된 태평양경제협력회의(PECC) 중국국가위원회 천루즈(陳魯直) 사무총장(퇴직대사)으로부터 중국 외교당국의 대한반도 입장을 간접적으로 들을 수 있었다.

6·4사태가 어느 정도 수습되고 안정을 찾아가면서 베이징아시

아경기대회 개최가 가까워올 무렵 중국 측은 한국과의 접촉에 보다 적극성을 보이기 시작했다. 그해 4월에는 (주)선경의 이순석 사장이 류야저우 공군 장성이 소속된 중국 국제우호연락회의 초청을 받고 베이징을 방문해 톈지원(田紀雲) 부총리와 면담을 하게 되었다. 톈 부총리는 당시 남조선(한반도)영도소조 조장을 맡고 있으면서 한·중 관계 증진에 핵심적 역할을 하는 인물이었다.

톈 부총리는 우리의 조기 수교 입장에 대하여 "중·한 간 무역사무소 개설 협의를 재개하자"고 호응했다. 이는 톈안먼 사건 이전 중국국제무역촉진위원회 정홍예(鄭鴻業) 회장이 대한무역진흥공사(KOTRA) 이선기 사장에게 제의한 내용과 동일하나 담당 부총리가 직접 나선 점에서 보다 의미가 있었다.

중국에 최초로 상주한 한국 외교관

이러한 가운데 나는 베이징아시아경기대회 조직위원회의 협조로 상주 연락사무소를 베이징 최고층 건물인 징광중신(京廣中心)에 개설하였다. 이 건물은 총 54층으로 덩샤오핑의 지시에 따라 중국 개혁개방의 상징물로 지어졌으며, 25층까지는 호텔이고 그 위는 사무실과 주거용 아파트 등 3원 구조로 되어 있다.

건물 내부 시설과 종업원들의 서비스 수준은 홍콩과 별 차이를 느낄 수 없는 정도였지만, 건물 밖으로 한 발자국만 나가면 허름한 민가와 인접해 있어 별천지처럼 느껴졌다. 이 사무실을 구하기 앞서 아시아경기대회 조직위 소속 담당직원 허우수둥(侯樹棟) 과장대리가 "마음에 있는 건물이 있는가"라고 묻길래 "기왕이면 구한말

청조 말기 대한 제국 공관이 있다고 들었는데 찾아봐 달라"고 부탁했다. 백방으로 수소문하여 찾아보았으나 베이징 서편 러시아식 전람관 부근에 있었다는 이야기만 들릴 뿐 찾지 못했다.

5월 초부터는 보조연락관으로 본부 동북아2과 김일두 서기관(현 주네팔 대사)이 파견되어 합류하였고 체육청소년부 등 국내 유관부서와 대한체육회 간부가 파견됨으로써 5~6명이 진용을 갖추게 되었다. 대외적으로 나의 신분은 대한체육회 국제이사이지만 중국에 상주하는 최초의 한국 외교관이 된 것이다.

우리 정부와 국민이 나에게 거는 기대를 생각할 때 막중한 책임감을 느끼며, 대학 은사님이 "一人當關, 千人莫開(한 사람이 문을 지키지만 천 사람이라도 열고 들어갈 수 없다)"라고 하시던 말씀이 새삼 생각났다.

나는 1990년 베이징 상주 기간 중 어느 날 중국 전산개발팀 기술자들의 안내를 받아 전산작업실을 시찰할 기회가 있었는데 그때 이미 완성되어 있는 그들의 기술을 지켜보면서 "이제는 이같은 기술을 수교 촉진 수단으로 활용하기는 어렵겠다"는 판단이 들었다.

'미수교'라는 핸디캡을 극복하다

나에게 주어진 당면 임무는 9월 중 한 달 동안 개최되는 베이징 아시아경기대회에 우리 선수단과 임원들이 안전하게 참가하여 좋은 성적을 거두고 귀국하도록 준비에 만전을 기하는 한편, 한·중 수교가 조기에 실현될 수 있게 최선을 다하는 것이었다.

하지만 이러한 임무를 달성하기 위한 제반 여건은 녹록하지 않았다. 그간 다져온 실질관계 강화 노력 덕분에 분위기는 많이 개선되었지만 아직 미수교 상태라는 핸디캡은 여전했다. 우선 핵심 정부 부서인 외교부 접근은 불가능했고, 주무부처인 국가체육위원회 고위층과의 접촉도 협의도 용이하지 않았다. 만나더라도 호텔 등 외부시설을 이용했으며 사무실 방문과 면담은 극히 제한되었다.

사람이 막다른 골목에 처하면 하나님을 찾는 법이다. 나는 본국 정부와 중국 당국 사이에서 업무 스트레스를 견딜 수가 없어 급기야 베이징 조선족 교회에 주일 예배를 드리러 갔다. 당시 중국의 종교정책은 신앙의 자유는 인정하되 전도행위는 금하고 있었다. 조선족들은 한국에서 들여온 성경을 가지고 공부하며 중국인 교회를 빌려 오후 2시경 예배를 드렸다. 뒤편에는 무장한 공안경찰이 감시하고 있었다. 목사 대신 대학생으로 보이는 젊은이가 설교를 하는데 모두 믿음과 은혜로 충만하였다.

톈안먼 사건 후 얼마 되지 않아 피해자 가족도 참석한 듯했다. 결코 화려한 교회는 아니었지만 믿음은 성장하고 있었다. 나는 모처럼 그동안 쌓인 스트레스가 확 풀리고 재충전되어 하나님 축복의 기운을 흠뻑 받은 느낌이었다. 또한 주일 대사관 시절 현지 정착에 도움을 준 것이 인연이 된 조선족 박순자 씨의 소개로 국가체육위원회 우사오쭈(伍紹祖) 주임(장관급)과의 비공식 오찬 면담이 실현되어 최대한 협조하겠다는 약속을 받아 냄으로써 어느 정도 돌파구를 마련할 수 있었다. 중국인이 흔히 말하는 관시(關係)의 중요성을 실감하는 계기가 되었다. 우사오쭈 주임을 수행한 위짜이칭(于再靑) 협력과장은 나에게 실무적으로 적극 지원해 주었으며, 최근에는 국가체육위원회 차관 승진과 함께 중국 IOC 위원으로 활동하고 있다.

베이징 연락사무소의 상설에 대하여 북한과 일본이 이례적인 관심을 보이며 매우 신경을 쓰는 모습이었다. 일본은 톈안먼 사건 이래 미국 등 서방의 대중 경제제재에 동참하고 있었으며 그 이전부터 중국 상하이 근교 바오산(寶山) 제철 확장시설 투자계획을 돌연 철회 선언하는 등 경협이 원활하지 못하였다. 이 틈새를 이용한 한국의 대중 진출 가능성에 내심 경계감을 가지고 지켜보고 있는 터였다.

일본 언론에는 한국이 베이징아시아경기대회 연락사무소를 설립한 데 대하여 수교를 앞둔 사실상 공관 주재라는 등 과장 추측기사를 보도하기도 하였다. 하루는 호텔방에서 휴식을 취하고 있는데 구내전화로 일본 지지통신 기자가 취재 면담을 신청하기에 정중히 거절한 적도 있다. 막무가내 방으로 찾아와 문을 걸어 잠근 채 되돌려 보내는 경우도 있었다.

베이징에서 잘나가던 한국음식점

서울로부터는 선수단과 임원 숙소, 그리고 김치 등 필수 음식 조달 방안은 물론 응원단에 합류하는 정치인, 고위 관료 등의 입국허가, 숙소 편의 제공 등 요구사항이 줄을 이었다.

당시만 해도 베이징 한국식당 메뉴에 있는 김치는 주재료인 배추가 다르기 때문에 맛도 우리 것에 비할 수가 없었다. 이런 김치로는 선수단이 실력 발휘를 못한다면서 우리 김장김치 수준의 김치를 제공해 달라는 주문이었다. 그리하여 배추씨를 서울에서 가져와 국내와 비슷한 온도와 토양에서 자란 배추로 만든 김치를 선수단 식사에 제공하도록 조치하였다. 그 무렵 베이징에는 두산그룹이 장안로 베이징 호텔 귀빈루(貴賓樓) 근처에 이미 오래 전부터 '두산주가(斗山酒家)'라는 한국식당을 운영하고 있었고, 럭키금성그룹이 베이징시 당국과 합자 투자로 '서라벌'이라는 한식당을 운영함으로써 한국음식 문화가 보급되기 시작하였다.

삼성그룹은 미국 시민권자로 베이징 체류가 가능한 카렌한이라는 여성을 베이징 지사장대리로 임명하여 대중 사업을 벌이고 있었는데, 매우 사교적이고 적극적인 성격의 소유자여서 남성 못지않은 활동을 하고 있었다. 또 방문하는 국내 인사에 대한 편의 제공도 서슴지 않아 많은 도움을 받았던 것으로 기억한다. 그밖에 대우그룹, 대한항공, 아시아나항공도 젊고 유능한 지사장을 파견하여 활발한 활동을 전개하던 모습이 눈에 선하다.

베이징아시아경기대회를 적극 지원한 기업들

중국은 아시아경기대회 조직위 내에 집자부(集資部)를 두어 현금과 물자 모집에 적극 나섰다. 한국의 지원도 환영한다는 입장이어서 대중 진출을 갈망하는 한국 기업들로서는 좋은 기회였다. 삼성, 선경, 대우 등 대기업의 상당한 기여가 있었으며, 중국 측은 이에 감사하여 기업들의 중국 진출에 도움을 주었을 것으로 추정한다.

대한항공은 직항로 개설이 최대 관심사였으므로 중소형 현대자동차 500여 대를 지원하였고, 아시아나항공도 200여 대를 기증하였다. 아시아나항공은 당시 황인성 사장(국무총리 역임)과 김태환 전무(새누리당 국회의원)가 직접 참석한 가운데 기증식을 성대하게 거행하였고 나도 참석하여 격려한 기억이 역력하다. 이와 같이 우리 기업이 기증

한 자동차는 대회기간 중 매우 유용하게 활용되었으며, 심지어 이 차량은 우리 연락사무소에서 임차료를 지불하고 사용할 정도였다.

베이징 북쪽에 위치한 넓은 선수촌 건물은 중국 국내업체가 시공하였는데 공사비를 최대한 아낀 결과 날림공사가 되어 버려 후일 하자 보수를 해야 하는 상황이 되었다. 엘리베이터 등은 우리 중소업체가 저가 수주하여 채산을 맞추려 하다 보니 작동 중 고장을 일으킨 사례가 빈번하여 체면이 손상된 적도 있었다. 어쨌든 우리 기업들의 대중 지원은 한·중 친선 무드 조성에 기여하여 수교 진전에 좋은 영향을 미친 것으로 생각된다.

아시아경기대회를 성공적으로 개최한 베이징 시

1990년 초 처음 연락관으로 베이징아시아경기대회 준비회의에 참석했을 때 당시 베이징 서우두 공항과 시내 중심부를 연결하는 왕복 1차선 도로 등 교통 인프라로는 선수단 이동 문제가 발생할 우려가 있다고 지적하고 시설 확충의 필요성을 제기한 바 있었다.

그랬더니 중국 인사들은 걱정 말라고 나를 안심시켰다. 중국 측은 교통 인프라 공사를 본격화하려던 시점에서 6·4 톈안먼 사건으로 공사가 중단된 데다 서방의 경제제재로 재정마저 부족하여 어려운 상황에 처해 있었다.

막상 아시아경기대회가 시작되면 어떻게 하나 관망하고 있는데 당국은 경기 개막 훨씬 전부터 베이징 시에 미등록 차량은 아예 시권역 진입을 차단하는 조치를 취하였으며, 경기가 시작되어서는 등록된 차량마저 시내 경기장 부근 도로에서 진입을 봉쇄하는 등 강력한 행정력으로 교통문제를 해결하는 것을 보고 가히 놀라지 않을 수 없었다.

9월 초부터 1개월에 걸쳐 진행된 아시아경기대회는 우리 선수단과 임원이 500여 명에 달하여 주최국인 중국 다음의 대규모였으며 종합 2위라는 좋은 성적으로 대회를 마쳤다. 우리 선수단과 임원, 참관단 모두 특별한 사고 없이 무사히 귀국하게 되어 다행스러웠다.

나는 체육 발전에 기여한 공로를 인정받아 정부로부터 체육훈장(기린장)을 수여받았다.

갑자기 찾아온 건강 이상

하지만 대회 폐막 직후 초긴장 상태가 풀려서인지 내 몸에 이상 신호가 왔다. 베이징의 열악한 환경 속에서 불철주야 뛰어다녀야 했고, 매일 같은 건물 내에서 숙소와 사무소를 오가다 보니 운동 부족으로 건강이 나빠진 것이다. 미수교국이라 양자 접촉이 여의치 않은 상황에서 현지 여건과 싸워야 하는 부담감, 본국 정부로부터 하달되는 각종 지시사항을 충실히 이행하기 위해 동분서주하면서 겪는 스트레스는 이루 말할 수 없었으며 이런 것들도 원인이 되었던 것 같다. 결국 대회 폐막식이 끝나자마자 병원에 입원해야 하는 신세가 되었다.

당시 베이징은 의료시설이 매우 열악했으나 대회 조직위의 배려로 고위 지도자급 인사들이 사용하던 셰허(協和) 병원에 입원하였다. 베이징의 번화가 왕푸징제(王府井街)에 있는 이 병원은 청조 말기 미국 선교단에 의해 건립 운영되던 곳으로 입원실에 화장실, 욕조 등이 100년 이상 되어 마치 골동품 전시장 같은 느낌이 들었다.

　입원실 침대에 누워 밖을 보니 멀리서 활기차고 건강한 젊은이들의 모습이 눈에 들어왔다. 문득 부러운 생각이 들기도 하였다. 그때까지 나는 오직 한·중 수교 조기 실현이라는 일념으로 쉴 틈 없이 달려온 것이었다. 건강이 없다면 모든 것을 잃게 된다는 생각이 들었다. 홍콩에 복귀하면 건강회복에 최우선을 두어야겠다고 혼자 마음속 깊이 다짐하였다.

　입원 중의 에피소드인데, 어느 날 아침 주치의가 내진을 돌며 병실에 들어왔다. 나는 병원에서 제공하는 아침 식사를 침대에 앉은 채 침대에 부착된 식탁을 이용하여 거의 마쳐가고 있는 참이었다.

　그런데 주치의와 함께 남녀 인턴 5~6명이 들어오면서 낄낄 웃지 않는가. 나는 웬일인가 하고 물었다. 모두 아무 말이 없었다. 무시 당하는 듯해 불쾌한 생각마저 들었다. 주치의는 내진을 마치고 인턴들을 내보내더니 나에게 다가와 방금 웃은 이유를 설명하면서 오해하지 말았으면 한다고 하였다. 알고 보니 중국의 어린 인턴들은 내가 침대에 두 다리를 겹치고 양반 행감 자세를 취하고 있는 것을 처음 보고 웃음을 참지 못한 것이라 하였다.

　중국인들은 태어나면서부터 한국과 같이 온돌 생활을 하지 않고 침대나 소파에 기대어 생활하기 때문에 한국 사람처럼 양반 행감 자세를 신기하게 볼 수밖에 없다는 것이었다. 듣고 보니 한국전 당시 중국의용군이 북한군과 함께 같은 인민군 복장으로 남침했을 때 납치된 포로의 신분 확인 방법으로 양반 행감 자세를 취하게 해 보고 북한 인민군과 중국군을 구분했다는 얘기가 전해져 오는데, 실제 경험으로 확인된 셈이다.

 제3장 한·중 수교와 타이완의 반발

한·중 무역대표부 상호 개설

1990년 10월초 홍콩총영사 부총영사로 복귀한 지 얼마 안 되었는데 외무부 김정기 아주국장(주사우디아라비아 대사 재임 중 순직)이 중국에 가서 한·중 무역대표부 개설을 위한 원칙적 합의를 보고 귀로에 홍콩에 들러 나에게 베이징으로 부임할 준비를 하라고 했다.

한국은 코트라 명의로, 중국은 CCPIT의 별칭인 CCOIC(중국국제상회)와 무역대표부를 교환 개설하기로 정식 합의한 것이다. CCOIC는 CCPIT와 같은 조직이지만 해외 교섭부분에 역점을 두면서 민간적 색채를 부각시키기 위해 고안해 낸 명칭이라는 것이었다. 1990년 톈지윈 부총리가 (주)선경 이순석 사장을 통해 제시했던 무역사무소 교환 개설안과 동일한 내용이어서 쉽게 합의할 수 있었던 것이다.

1991년 1월 1일 외무부는 나를 베이징 주재 무역대표부 공관 창설

책임자로 발령하였다. 예상은 했던 일이지만 나는 건강문제로 당분간 휴식이 필요하니 다른 사람을 보냈으면 한다고 본부에 건의했으나 "당신이 해 오던 일이니까 마무리를 지어야 한다"며 막무가내, 별 수 없이 1991년 1월 베이징으로 가게 되었다.

베이징에 창설한 대한민국 무역대표부

주싱가포르 대사관에 있던 정상기 서기관과 본부 김일두 서기관 및 이헌규 외신관은 1990년 11월 30일 이미 베이징에 도착해서 창설작업을 하고 있었다. 중국대반점에 숙소와 임시사무실을 설치하고 무역센터 4층에 대표부 사무실 설치 준비에 들어갔다.

베이징의 사무실 여건이 좋지 않은 가운데 무역센터 4층이 남아 있었던 것은 중국인이 4층을 기피하기 때문이다. 우리도 4자를 싫어하지만 중국인은 4자를 싫어하는 정도가 우리와는 비교가 안 된다. 반대로 중국인은 8자를 가장 선호하는데, 이는 한자 발음이 '發財'라는 發자와 같기 때문이다. 자동차와 전화번호도 8자가 많은 것을 선호하며 경매를 할 경우 거액의 프리미엄이 붙을 정도이다.

대표부 설치 관련 업무를 협의하기 위해 나온 중국 외교부 아주사(司) 닝푸쿠이 조선처장과 리빈 부처장을 처음으로 만났다. 닝 처장과 대표부 위치, 직원 숙소 배치, 직원 직명, 대중국 업무협의 채널, 비자신청 발급 등 민원, 업무보조원 채용 및 보수지급 등 세부 사항에 대해 협의하였다.

대외적인 직원 직명은 공관장은 대표, 부대표, 대표보, 대표조리 등으로 정했다. 외교, 국방 등 정치 관련 부서는 양자 간 접촉이 안 되고 CCOIC를 통한 간접 협의만 가능했다. 경제부처 등은 양자 간 접촉도 주선해 주고 방문 면담도 가능했다. 업무보조원 채용과 관련해서는 예외로 외교부 영사처를 통하도록 되었다. 외교관 특권 면제는 안 되었으나 준외교관으로 면세 혜택과 공항 귀빈실 이용, 파우치 사용 등 제한적으로 허용하기로 했다.

직원 숙소는 일반 외교관의 경우 젠궈먼와이(建國門外) 및 싼리툰(三里屯) 등 외교관 주거지역에 분배해 주는 것이 상례이나, 우리는 외교 공관이 아니어서 무역센터 주변 고층 아파트 지구에 거주하게 되었다.

홍콩 주재 우리 특파원들이 단기 비자로 중국 입국 취재 후 홍콩으로 귀환하던 때였는데, 어느 기자가 베이징 시내에서 비교적 수준 높은 지역에 우리 대표부 직원 숙소가 있는 것을 보고 '베이징의 압구정동'이란 가십 기사를 낸 적이 있었다. 나는 "모든 것이 북한에 비해 열세인 베이징에서 우리가 북한을 제압할 수 있는 것은 경제력을 바탕으로 직원 숙소라도 번듯한 곳에 있어야 하지 않겠는가. 북한 앞마당과 같은 중국에서 외교특권, 정부부처 접촉 제한 등 열악한 근무여건이지만 사기라도 앙양되어야 업무 효율도 올라갈 수 있지 않겠는가"라고 반론, 언론의 이해를 구했다. 그러나 내부적으로는 사무실 공간이 좁아 한방에 공관원 3,4명이 책상을 맞대고 일해야 했다.

공관원 사무실과 숙소 외에 자녀교육을 위한 학교 선택도 중요한 문제였다. 베이징 공항 가는 도로 옆에 미국인 학교가 있었으나 수용 인원에 한계가 있고 학비도 무척 비쌌기 때문에 부득이 중국 외교부가 지정해 준 베이징55초등학교에 입학시킬 수밖에 없었다.

그런데 이 학교에는 북한대사관 직원 자녀가 다수 다니고 있어서

최호중 외무장관으로부터 베이징무역대표부 창설반장 임명장을 받는 모습.

베이징무역대표부 창설반장 임명장 수여 후 최호중 외무장관 앞에서 부임선서를 하는 모습.

먼저 온 우리 대기업 지사원들이 자녀 입학을 꺼리고 있었다. 이러한 점을 의식해 학교 교장을 만나 남북한 자녀 공동학습으로 인해 문제가 일어나지 않도록 협조를 당부하고 딸아이를 입학시켰다. 그런데 남북한 자녀들이 처음으로 같은 학교에서 생활하게 되면서 웃지 못할 에피소드도 많이 일어났다.

한번은 교내 소풍이 있었는데 각국 학생들 간 장기자랑 순서에 한국 학생은 나의 딸과 우리 대표부 직원 딸, 2명에 불과한 점을 감안해 남북 학생이 공동으로 장기자랑을 하게 되었다. 남북 학생들은 처음에 '울 밑에선 봉선화야'를 합창하기로 약속했으나 막상 시작되자 북한 학생들이 약속과는 달리 자기들끼리만 북한 노래를 부르는 상황이 벌어졌다. 하지만 그 후 남북한 학생들은 서로 이해하며 별 탈 없이 지내게 되었으며, 한 학기가 지난 뒤에는 베이징 주재 한국 자녀들이 들어오면서 학생 숫자가 더 많아지게 되었다.

당시 베이징의 대기오염 실태를 생각해 보면 오늘의 발전된 모습과 비교해 볼 때 격세지감이라 하겠다. 당시만 해도 대표부가 위치한 중국대반점과 국제무역센터 주변을 살펴볼 때 전면 창안다제(長安大街) 건너편에는 철제품 가공공장이 즐비해 있어 종일 매연을 내뿜고 있었다. 게다가 동쪽 지근거리에 있는 화력발전소 굴뚝에서는 새까만 연기가 분출되고 있었다. 아침에 일어나면 창문 틈에 매연 분진이 수북이 쌓여 있고 하늘을 바라보면 매연 띠가 선명히 보일 정도였다.

베이징 근교에 서우두 강철 공장도 대기오염원이었다. 목이 칼칼해 기침을 하면 새까만 침과 가래가 섞여 나오는 경우가 허다했다. 베이징에서 비교적 환경이 양호한 곳이 있다면 서쪽 근교에 위치한 샹산(香山)이다. 그곳은 소나무 등 수목이 울창하고 주변에 오염원이 적어 비교적 환경이 양호한데, 덩샤오핑 등 고위 지도자들의 별장이 있는 곳이다. 주말이면 시간을 내어 가족과 함께 이곳을 찾아가곤 했다. 그러면 한결 몸이 편해지는 것을 느낄 수 있었다.

1991년 1월 27일에는 주베이징 무역대표부 초대 대표로 외무차관과 주캐나다 대사를 역임한 노재원 대표가 부임하여 현판식을 가짐으로써 정식 개설되었다. 대표부 인원은 외무부, 국정원 등 정부 각 부처에서 파견된 15명 전후였으며, 나는 대표보(참사관급)로 정무 업무를 담당했다. 타이완 유학으로 중국어 구사가 가능하다는 이유로 동남아 지역 대사를 마지막으로 퇴임한 전직 외교관이 부대표로 부임해 오는 바람에 나의 대외직명이 부대표가 아닌 대표보로 강등되는 결과가 되었다. 이는 공관 내 다른 부처 파견원과의 위계질서 불균형으로 인해 업무수행에 큰 걸림돌이 되었다. 당시 위인설관식(爲人設官式) 편의주의 인사가 초래한 부작용 사례로 지적하고 싶다.

타오빙웨이 학술위원과의 해후

무역대표부가 개설된 후 얼마 안 되었는데 과거 도쿄에서 한·중·일 3자 학술회의에서 알게 된 타오빙웨이 국제문제연구소 학술위원으로부터 전화가 걸려왔다. 베이징아시아경기대회 연락관으로 상주하면서 수차 메시지를 보내어 만나자고 하였으나 응해 주지 않아 야속한 생각이 들었었는데 만나자는 것이었다.

우리는 반갑게 만나 많은 이야기를 나누었다. 타오 학술위원은 내가 베이징에 상주하는 것을 알고 만나고 싶었으나 중국 외교부 산하 연구소이다 보니 외교관 접촉 지침을 지키느라 만나지 못한 점을 양해해 달라면서, 이제 한국과 관계가 좋아지게 되어 상부에 사전 보고만 하면 언제든 만날 수 있게 되었다며 자주 만나자고 하였다. 중국 외교부의 직원 행동 규제가 매우 엄격함을 새삼 알게 되었다.

그리고 한·중 수교는 이제 시간문제라며 매우 낙관적인 견해를 표명하였다. 이어서 며칠 후 베이징대학과 국제문제연구소가 공동 주관하여 '동북아지역의 신국제질서와 중국 외교방향'이란 주제로 학술 심포지엄이 개최되는데 미국 버클리대학의 스칼라피노(Scalapino) 교수, 브루킹스연구소(Brookings Institution)의 해리 하딩(Harry Harding) 교수 등 저명학자와 중국 전문가 다수가 참석하고, 한국에서는 한승주 고려대 교수가 참석 예정이라 하였다.

심포지엄은 당시 소련연방의 붕괴가 임박한 상황에서 초강대국인 미국과 새로이 국제사회에 등장하는 중국, 경제대국 일본, 아세안 등 새로운 국제질서와 역학관계 형성이 주요 관심사여서 이에 대한 진지한 토론이 있었다.

타오 학술위원의 배려로 나도 옵서버로 참석하여 미국의 저명학자와 전문가를 접촉할 기회를 가졌다. 그리고 무역대표부 노재원 대표에게 건의하여 이 저명학자들을 회의장 근처 식당에 초청해 한·중 수교 전망에 관하여 진지한 의견교환을 가진 바 있었다. 타오 위원은 중국이 이와 같은 성격의 대형 국제학술회의를 개최한 것은 처음이라 했다. 이는 중국이 국제사회에 적극적으로 등장할 것임을 예고하는 신호탄인 셈이었다.

대표부 직원은 외무부를 포함한 정부 각 부처로부터 다수의 주재관이 파견되어 옴으로써 40~50여 명 이상의 대규모 공관으로 확대되어 갔다. 하지만 중국 정부의 부처 접촉 대상 제한으로 각 부처 주재관

베이징대학에서 열린 '동북아지역의 신국제질서와 중국 외교방향' 세미나 참석 중 타오빙웨이 외교부 국제문제연구소 학술위원과 기념촬영을 했다.

사이에 서로 경쟁을 해야 하는 상황이 되기도 했다.

무역대표부 개설 후 타오빙웨이 외교부 국제문제연구소 학술위원과 담소할 기회가 가끔 생겼다. 어느 날 나는 "중국과 북한의 관계가 여느 나라와 달리 특수한 관계라고는 알고 있으나 중국이 지나치게 북한을 의식한 나머지 대한국 관계 개선에 너무 신중하고 인색한 것 아니냐"라고 반문하였다. 타오 위원은 "중국과 북한은 당·정부 간 오랫동안 깊은 교류가 있어 왔고 특히 마오쩌둥, 저우언라이 등 혁명 1세대 지도자들과 북한 김일성 주석과의 우정은 아주 남다르다"면서 중국 정부가 대한국 관계에 보다 신중할 수밖에 없는 실정을 이해해 달라고 하였다.

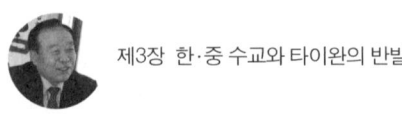
제3장 한·중 수교와 타이완의 반발

중국, 홍콩, 타이완 APEC 가입과 중국 외교부장 첫 방한

1991년 11월 서울에서 열릴 APEC 제3차 각료회의에서는 중국, 홍콩, 타이완의 APEC 가입문제가 주 의제로 되어 있었다. 중국은 6·4 톈안먼 사건 후 국제사회의 제재로 고립된 국면을 타개하기 위한 일환으로 그해 호주 총리의 제안으로 출범한 아시아 태평양 지역의 정부 간 협력체인 APEC 가입을 위해 전력해 오던 터였다.

한국은 마침 APEC 고위급 회의인 SOM(Senior Officials Meeting) 의장국으로서 대중 수교 목표를 조기에 달성하기 위해 이를 최대한 활용하려고 부심하는 중이었다. 그해 2월에 이시영 외무부 외교정책실장이 SOM 의장 자격으로 천영우 정책총괄과장(현 청와대 외교안보수석)과 함께 중국을 방문하였다. 중국 측은 댜오위타이(釣魚臺) 국빈관에 숙소와 회의장을 마련하는 등 극진히 환대해 주었다.

한·중 양자, 다자 접촉 신경전

중국 측에서 외교부 친화쑨(秦華孫) 국제기구국장, 천젠(陳健) 부국장, 추이톈카이(崔天凱) 과장(현 외교부 부부장) 등 라인이 교섭에 임했다. 우리 측에서는 이시영 실장 외에 무역대표부 대표보인 나와 천영우 과장이 참석하였다. 이 교섭은 한·중 외교관리 간 첫 양자 접촉이라는 점에서 의미가 컸지만 중국은 이를 다자 접촉으로 규정했다.

이시영 실장은 당시 옵서버 자격으로 참석한 나를 베이징 현지에서 공인된 접촉 창구 역할을 할 연락관으로 지명하였다. 이를 계기로 나와 중국 외교부 국제기구국과의 접촉이 공식화되었다. 중국 외교부 완융샹(萬永祥) 부장조리가 쿤룬 호텔에서 성대하게 환영만찬을 주최하였는데, 그는 외교부 기획총무담당 차관보급으로 후일 북한주재 대사직을 역임하였다.

초면의 고위급 인사들의 만찬이어서 분위기가 딱딱해질 수밖에 없었으나, 마침 천영우 과장이 자신의 조상이 중국에서 건너왔다며 재미있는 말로 족보 이야기를 꺼내 한층 화기애애한 가운데 행사를 마쳤다.

천 과장은 자신의 시조가 허난 성(河南省) 잉양 진(潁陽鎭) 출신인데 한국으로 와서 천(千)씨 성을 만들었다고 밝히고, 족보 기록을 토대로 "산이 있고 물이 있고 다리가 있고…" 식으로 당시 조상의 고향산천에 대해 설명했다. 그토록 근엄한 표정에 말수도 적어 보이던 완융샹 부장조리는 통역을 통해 이야기를 듣자마자 표정이 달라지면서 "내 고향과 같은 것 같다"며 친밀감을 표시했다.

후일 천 과장은 조상의 고향에 직접 다녀왔다고 한다. 이처럼 화기애애하게 '단합대회'를 치른 덕분에 향후 접촉이 아주 순조로워졌다. 그리고 내가 이들을 식사에 초대하기도 했는데, 천젠 부국장과 추이톈카이 과장은 집에서 주최한 만찬에도 참석하곤 했다.

중국, 홍콩, 타이완의 APEC 가입 문제는 타이완의 국호 고집으로 쉽게 합의를 보지 못하고 난항이 계속되었다. 중국이 '하나의 중국' 원칙을 내세워 초강경 자세를 견지하고 있는 가운데 나는 베이징에서 이시영 실장이 타전해 오는 지침에 의거하여 연락관으로서의 임무에 충실하였다. 이시영 실장과 천영우 과장은 타이완과 홍콩을 수시로 방문해 셔틀외교를 펼쳤다. 홍콩의 경우는 별로 어려울 게 없었다.

그해 8월에 이르러 타이완을 정식 국가 명칭이 아닌 '올림픽 모델'인 '차이니스 타이베이(中華台北)'로 하는 것에 성공함으로써 타협점을 도출해 낼 수 있었다.

류화추 중국 외교부부장의 방한

이런 가운데 1991년 4월 초 서울에서 열린 ESCAP 총회에서 중국 외교부의 2인자격인 류화추(劉華秋) 수석 부부장이 방한하여 이상옥 외무장관을 예방했다. 이는 한·중 수교사에 기록될 만한 사건이었다. 친화쑨 외교부 국제기구국장도 때맞춰 방한하여 이시영 외교정책실장과 베이징 1차 접촉에 이어 중국, 홍콩, 타이완 APEC 가입 문제에 관해 심도 있는 협의를 계속할 수 있었다.[9]

중국, 홍콩, 타이완의 APEC 가입과 관련해서 "타이완은 APEC에 가입하되 각료회의는 주최하지 못하고 타이완 외교부 인사는 대표단에 포함시키지 않는다"라는 구두 합의 내용을 MOU로 문서화하는 협상이 1991년 10월 초 뉴욕에서 마무리됨과 동시에 첸치천 외교부장과 이상옥 외무장관 간에 역사적인 최초 면담이 뉴욕 현지에서 이루어졌다.[10]

1991년 5월 28일자로 남북한이 유엔에 동시 가입되었다. 이는 중국이 향후 대한반도 정책 추진 맥락에서 대세로 인정하여 북한측에 남북한 유엔 동시 가입을 강력히 설득한 결과였다.

이처럼 동북아 정세가 호전된 가운데 중국은 그해 11월 서울에서 개최될 APEC 각료회의에서 중국, 홍콩, 타이완의 정식 가입이 기정사실화된 상황에서 첸치천 외교부장과 리란칭(李嵐淸) 경제부장의 방한이 추진되고 있었다. 첸 부장의 방한에 앞서 중국 측 입장은 한국과 수교 방향은 잡혔지만 공식화 되기 이전이어서 극도로 몸조심을 하는 모습이었다.

첸치천·리란칭 심야 공항 영송

1991년 11월 11일 오후 중국 외교부 추이톈카이 국제기구과장으로부터 갑자기 전화가 걸려왔다. 당일 밤늦게 첸 외교부장과 리란칭 경제부장 일행이 특별기편으로 한국에 간다면서 공항으로 영송을 나오라는 것이었다. 아무에게도 알리지 말고 혼자 밤 12시경 베이징 서우두 공항 귀빈 특별기 출입 청사로 나오라고 했다.

---

9) 연합뉴스, 「외교열전 : 3중국 APEC 가입 한국 외교가 해냈다」(2011. 10. 10)
10) 연합뉴스, op. cit. 2011. 10. 10

나는 즉각 노재원 대표에게 보고했다. 그랬더니 노 대표도 나가고 싶어 했다. 내가 모시는 공관장인데 중국이 요청한다고 혼자 나가는 것은 부하직원으로서 도리가 아니라고 판단하여 추이 과장에게 노 대표와 함께 나가겠다고 통보했더니 난색을 표명하였다. 출국하는 모습이 언론에 노출되지 않기 위해 조용히 밤늦게 떠나기로 한 것인데 노 대표가 공항에 나오면 노출될 우려가 크다는 것이었다.

그러나 나는 중국 측의 요청을 아랑곳하지 않고 노 대표와 함께 밤 12시 베이징 서우두 공항 VIP용 특별기 출입 청사에 도착했다. 첸치천 외교부장과 리란칭 경제부장만이 귀빈실에서 기다리고 있고 나머지 대표단 일행은 이미 특별기에 탑승해 있었다.

추이톈카이 과장의 소개로 대면한 첸치천 외교부장과 리란칭 경제부장은 노 대표와 나를 반갑게 맞아주며 "중국의 APEC 가입 목표가 달성된 것은 그간 한국의 노력 덕분이며 중국은 이를 높이 평가하고 감사하게 생각한다"고 말했다. 나는 외교관 생활 중 가장 감개무량하고 보람된 순간을 맛보았다.

일행을 떠나보내고 돌아오는데 마음 한구석에 서운한 생각이 들었다. 수행원으로 가는 장팅옌(張庭延) 아주사(司) 부사장(초대 주한 대사 역임)은 아시아경기대회 때 상주하면서부터 수없이 면담을 시도했는데 이런저런 이유를 들어 만나 주지 않더니 오늘도 이미 탑승한 상태라 만나지 못한 것이다.

그것이 마음에 걸렸던지 그는 1992년 1월 내가 외무부 아주국 심의관으로 발령받아 귀국을 앞둔 시점에 리빈(李賓) 조선처 차석을 통해 오찬을 함께 하자고 제의해 왔다. 장팅옌의 오찬 제의는 내가 서울로 돌아가면 자신의 '카운터 파트'가 될 것을 예상한 때문이기도 했다.

그는 "그동안 자리를 만들지 못해 미안해서 기억에 남을 식당으로 초대하겠다"며 톈탄(天壇) 공원 부근의 몬도가네식 건강요리 전문식당으로 초대했다. 지네와 지렁이 등 이른바 보양제라며 강권하여 먹느라 고역을 치르기도 했다. 그런 과정을 통해 친분을 쌓아가며 그가 주한 대사로, 나는 주상하이 총영사로 부임한 후에도 자주 연락을 하고 만나곤 했다.

이시영 대사 방중과 한·중 조기 수교 필요성 제기

1992년 2월 14일부터 약 보름간 주오스트리아 대사로 내정돼 있던 이시영 대사가 천영우 과장과 함께 중국을 방문하였다. 이 대사와 천 과장은 앞서 중국, 홍콩, 타이완 3자 APEC 가입을 완결지은 공로로 이상옥 장관으로부터 "그동안 수고했으니 3개 지역을 방문해 보되 베이징에서는 첸치천 외교부장을 만나 조기 수교의 필요성을 제기해 보라"는 등 일종의 '포상형 실무휴가'를 받은 셈이었다.

먼저 타이완과 홍콩을 들러 베이징에 온 이 대사는 나에게도 상하이 등 지방 시찰 여행에 함께 가자고 제의했다. 그리고 2월 27일 이시영 실장이 첸치천 외교부장을 예방할 때 수행하여 한국 외교관으로는 처음으로 중국 외교부 청사를 방문하였다.

이시영 대사는 이상옥 장관으로부터 지시를 받았음을 전제로 현재 민간무역대표부를 정부 간 무역대표부로 격상시킬 것을 제의하자, 첸 외교부장은 오는 4월 베이징에서 개최될 ESCAP 총회에 이상옥 장관이 오면 그때 여러 가지 관련된 이야기를 하자고 답하였다.

첸 외교부장의 이 같은 발언은 우리 입장을 받아들인 것으로 해석

되는 내용이었다. 그 외에 류화추 부부장, 장팅옌 부사장 등 외교부 주요 인사들을 두루 만났다.

상하이 출신의 첸치천 부장, 천젠 부사장, 추이톈카이 과장 모두 상하이 관광을 권유하기에 함께 갔다. 이시영 대사가 클래식 음악 애호가임을 배려하여 우리 일행 셋을 위해 '상하이 필하모니 오케스트라' 특별 공연을 해 주는 등 최대한 성의를 보이기도 하였다.

상호 무역대표부를 설치하고 중국, 홍콩, 타이완 3자 APEC 가입이 수교 문제를 푸는 첩경임을 인식하고 이에 몰두한 결과 성사된 마당에 수교 이후에는 항공, 어업 문제가 두 나라 간에 큰 이슈로 등장하리라는 예측이 감돌았다. 따라서 계속해 온 중국 농업부 쑹즈원(宋之文) 부국장과의 유대를 강화하고, 1983년 5월 중국 민항기 피랍사건 때 방한했던 루루이링(盧瑞伶) 민항총국 국제국장과의 인맥도 계속 유지하면서 협력 증진을 약속해 오던 터였다.

당시 어업분야 협력은 이미 합의한 틀에서 큰 문제 없이 진행되고 있었다. 항공분야에서는 대한항공이 서울-상하이를, 아시아나항공은 서울-톈진을 정기성 특별 전세기 형식으로 취항하고 있었다.

중국 민항총국 건물에서 벌어진 에피소드

하루는 모처럼 민항총국이 있는 건물을 직접 가 보고 싶은 생각이 들어 정무과 정상기 서기관과 함께 민항총국 루루이링 국장을 면담하러 갔다. 베이징의 관광유적지 자금성(紫禁城)과 징산(景山) 공원 사이에 위치한 중국 민항총국 건물은 오랜 세월을 견뎌 온 낡은 모습이었다.

아니나 다를까 안내하러 나온 여직원과 함께 엘리베이터를 탔는데 중간에 멈춰서고 말았다. 우리는 컴컴한 엘리베이터 안에 10여 분간 갇힌 채 밖으로 연락도 안 되고 긴장이 되어 식은땀이 날 정도로 속으로는 겁이 났지만 표현을 못하고 있었다.

안내 여직원은 겁에 질려 소리를 지르는 등 당황한 기색이 역력하였다. 뒤늦게 구조반이 도착해서야 안도하게 되었지만, 20여 년이 지난 지금도 어제 일같이 생생히 기억될 정도로 매우 황당한 에피소드였다.

건강을 위해 시작한 타이지취안(太極拳)

1990년 베이징아시아경기대회 때부터 무역대표부 창설까지 2년여 간 일하면서 찾아온 건강이상 신호가 점차 심해지기 시작했다. 초가을부터 늦봄까지 갈탄을 연료로 쓰는 베이징의 심각한 대기오염과 시야를 5m 이내로 좁힐 정도로 사천바오(沙塵暴)라는 황사바람이 번번이 발생하여 체질적으로 호흡기가 강하지 못한 나는 고생이 이루 말할 수 없었다.

나는 이처럼 열악한 환경 속에서 경제적 빈곤과 영양부족에도 불구하고 중국인들이 비교적 건강 상태를 유지하고 있는 비결이 무엇인가에 대해 자연히 관심을 갖게 되었다. 그러던 중 베이징 시 정치협상회의 위원이며 베이징 중의대학 내과의사인 지량천(吉良晨) 씨를 알게 되었다. 그에 의하면 중국인들의 건강유지 방법은 중국 어디를 가든지 볼 수 있는 '타이지취안(太極拳)' 단련을 통해 신체의 면역력을 증강시킨다는 것이다. 특히 나와 같이 체질적으로 호흡기

감염이 잘 발병하는 사람에게는 아주 적합한 방법이라며 수련을 권장하였다.

타이지취안은 원래 중국 전통 명문가 귀족들이 건강유지를 위한 양생술(養生術)로 개발하여 가문 대대로 전수해 내려오던 것으로 5개 분파가 있으며, 자신은 양(楊)씨 파의 5대 전수자라고 소개하였다. 그의 조언을 받아들여 수련을 시작하였는데 생각보다 쉽지 않았다. 인내와 끈기가 필요한 운동이었다. 중국인들은 "생명은 운동에 있다(生命在運動)"는 말을 자주한다. 살아 있는 한 운동이 필요하다는 말이다.

타이지취안의 기본 원리는 체육과 노자의 자연주의 철학이 결합되어 있으며 힘(力)을 갖고 하는 것이 아닌 뜻과 생각(意念)으로 하는 운동이다. 동작은 몸 전체가 균형을 유지할 수 있도록 해야 하며 이를 위해서는 속도가 느리면 느릴수록 좋다.

우리 몸의 오장육부는 우주 대자연의 일부로서 조화와 균형을 이룰 때 정상적인 기능을 하며 균형이 깨지면 건강에 이상이 온다는 것이다.

타이지취안은 힘을 쓰지 않고 뜻과 생각만으로 체내의 기(氣)를 조절할 수 있으며 몸에 무리가 가지 않는다. 또 힘을 안 쓰고 뜻과 의지만으로 운동하기 때문에 고령자도 할 수 있어 어느 운동보다도 좋다. 허와 실(虛實), 음양(陰陽)의 원리에 따른 인간의 몸과 자연이 조화와 균형을 이루며 동시에 심신이 훈련되니 정신도 건강해진다. 고령화가 급속히 진행되고 있는 우리 사회 실정에 딱 알맞은 운동이라 생각된다.

외무부 아주국 심의관으로 귀국하다

1992년 봄 베이징아시아경기대회 연락관을 시작으로 중국에서 본격적으로 일해 온 지 2년이 지나면서 베이징을 떠나는 문제를 고려하였다. 이제 한·중 수교가 열매를 맺으려는 순간이 임박한 때 떠나는 것이 아쉬움도 없지 않았으나, 건강과 커리어 관리 중 택일하라면 건강을 택해야겠다는 생각이 앞섰던 것이다.

1992년 초 갑자기 세상을 떠나신 어머님 장례식 때 일시 귀국하여 인사차 이상옥 외무장관실에 들러 귀국 희망을 밝혔다. 그러자 긍정적인 반응을 보이며 수교를 앞둔 시점에 담당 직원이 바뀌어도 업무에 차질이 없도록 후임자를 물색하겠다고 했다. 그리고 당시 주일 대사관 김하중 참사관(주중 대사 역임)을 어떻게 생각하느냐고 묻기에, 대학 시절 중국어를 전공했고 중국과장도 이미 역임한 점을 들어 적임자로 생각한다고 답하였더니 수긍하는 듯하였다.

40년간 광야에서 악전고투하다가 가나안 땅 진입을 앞두고 떠나야 했던 모세와 같은 심정이었지만 여호수아처럼 든든한 후임이 오게 되어 편한 마음으로 베이징을 떠날 수 있었다. 한·중 양국간에는 이미 고위관리의 상호 방문이 이어지는 등 수교를 향해 거보를 내디뎠던 1992년 3월 말, 나는 아주국 심의관으로 발령받아 서울로 귀환했다.

당시 김석우 아주국장(통일부차관 역임)은 일본과장과 조약과장을 역임한 전문가로서 외교부 내에 실력과 덕망을 겸비한 분으로 정평이 나 있었다. 김 국장 휘하에서 심의관으로 일하게 된 것을 다행으로 생각하였다. 김 국장은 대중국 업무에 관한 한 나에게 많은 부분을 맡아 일할 수 있도록 배려하였으며 중국과 민간무역협정, 투자

연말 종무식 직후 김석우 아주국장 주재(왼쪽에서 다섯 번째)로 아주국 직원들과 가진 다과회.
추규호 동북아1과장(현 주영국 대사)과 엄석정 동북아2과장(현 주스웨덴 대사) 등의 모습이 보인다.
필자(사진 오른쪽 세 번째)는 당시 아주국 심의관.

보장협정, 어업 및 항공협정 체결 등을 위한 실무회담은 명목상 수석대표만 맡았을 뿐 교체수석이라는 이름으로 거의 나에게 위임했다.

 정식 부임에 앞서 1991년 12월 20일 서울에서 열린 코트라와 중국국제상회(CCOIT) 간 민간무역협정 가서명식 역시 김석우 국장이 수석대표를, 내가 교체수석대표를 맡았고, 실제 서명은 나와 중국 측의 셰젠쥔(鮮建軍) 경제무역 부국장이 했다. 이 협정은 12월 31일 베이징에서 노재원 무역대표부 대표와 중국 CCOIT 정홍예 회장이 정식 서명하였다.

 마침 당시 한반도 주변 정세는 1992년 1월 7일 북한이 국제원자력기구(IAEA)와 협정에 서명한 뒤 곧 최고인민회의에서 이를 비준하였다고 발표했고, 우리 국방부도 이에 호응하여 '팀스피리트' 훈련을 중단하겠다고 밝히는 등 긴장이 크게 완화되는 국면이 조성되고 있던 터였다.

그런데 그해 4월 베이징에서 열리는 ESCAP 총회 참석차 방중 준비를 하고 있던 이상옥 장관이 불러서 갔더니 노태우 대통령의 방중 및 한·중 정상회담 개최 가능성에 대한 의견을 묻는 것이었다. 노 대통령은 임기 내에 한·중 수교를 실현하여 북방정책을 마무리 짓고자 하는 열망이 매우 강한 나머지 한·중 정상회담을 위해 대통령이 제3국 방문 도중 베이징 서우두 공항을 경유하는 방식으로라도 중국 정상과 회담을 할 수 있는지가 관심이라며 "베이징에서 오래 있다 왔으니 잘 알지 않겠느냐"고 묻는 것이었다.

나는 "특별 상황일 때는 그럴 수도 있겠지만 쉬운 일은 아니다"라고 솔직히 대답하였다. 그 후 이 장관으로부터 관련 지시나 의견 타진은 없었다. 노 대통령이 비공식 정상회담을 통해서라도 수교 돌파구를 마련하고자 하는 의지가 의외로 강함을 감지할 수 있었다.

첸치천 중국 외교부장이 밝힌 비사(祕事)

첸치천 중국 외교부장은 2003년 3월 18일 모든 공직에서 퇴임한 후 그해 7월 30일 발간한 회고록 『외교십기(外交十記)』에서 자신이 1991년 최초 방한한 이틀째인 11월 13일 밤 숙소(신라호텔)에서 '재미있는 일'이 발생했다고 다음과 같이 기술하였다.(이하 중문 원문을 필자가 직역하였다.)

"박철언 체육청소년부장관으로부터 여러 차례 만나자는 제의가 있었다. 원래 약속하지 않으려 했으나 상대방이 계속 전화를 걸어 거듭 요청하였고 그가 수차 방중하여 중국에 많은 친구가 있으며 그 중에는 나의 동생 첸치아오(錢其琛) 톈진시 문교체육담당 부시장도 포함되어 박 장관이 톈진 방문시 만나 접대를 받기도 했다는 것이다. 밤 11시가 될 무렵 박 장관은 보좌관을 대동하고 호텔방으로 찾아왔다. 간단한 인사를 교환한 후 나와 비밀 연락 채널 구축을 원하며 양국 수교 실현을 위해 공동 노력하자고 했다.

그는 오늘밤 만남은 대통령의 동의도 얻었다고 말하고, 차기 대통령 후보 경선에 참가하기 위해 곧 장관직을 사임할 것이며 한·중 관계 정상화 실현이 그의 주요 임무 중 하나라고 말하였다. 그는 또한 크고 작은 금제 열쇠 2개를 꺼내 큰 것은 나에게, 작은 것은 나의 동생에게 주는 선물이라며 이 열쇠로 양국 관계의 대문을 활짝 개방해 주기 바란다고 하였다.

최근 수년간 수많은 한국 고위인사들이 여러 방법으로 별지 비자를 얻어 비밀리에 베이징을 방문하여 우리 측 초청기관에 대하여 양국의 수교를 위해 조금의 역량이라도 발휘해 보려고 해 왔다. 그들은 전혀 초청기관이 어떤 성격인지 개의하지 않았다. 이걸로 보아 한·중 수교 실현이 당시 한국에서 일종의 시대적 조류가 되었던 것 같다. 와서 설득을 하려는 사람이 수없이 많았으며 인원 구성도 복잡하여 어느 것이 진짜인지 가짜인지 구분이 어려웠다.

나는 박 장관이 하는 말을 믿건 말건 들어줄 뿐이었다. 나는 그에게 중·한 양국은 아직 미수교이나 관리들 간에 접촉이 이미 진행되고 있으므로 다른 비밀 채널을 구축할 필요는 없다고 말했다. 귀국

후 나는 직원으로 하여금 2개의 금제 열쇠를 중국 은행에 감정 의뢰한 바 24k 순금으로 확인되어 지금까지 외교부에 등록하여 보존 중이다. 중·한 관계 발전 과정에서 하나의 의미 있는 일로 삼을 수 있을 것이다."[11]

1987년 노태우 정부 출범 후 수교에 이르는 과정에서 대통령 측근을 비롯한 정치 실세 간에 공로 경쟁이 암암리에 전개되고 있었음은 주지의 사실이나, 중국 외교부장의 회고록을 통해 새삼스럽게 확인된 셈이다.

---

11) 첸치천, ibis. 148

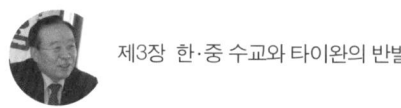 제3장 한·중 수교와 타이완의 반발

한국 외무장관 최초 방중과 수교회담 개시

1992년 4월 12일 이상옥 외무장관이 유엔 아시아·태평양경제사회위원회(Economic and Social Commission of Asia and Pacific, ESCAP) 제48차 총회 참석차 베이징을 방문하였다. 개막 하루 전인 4월 13일 댜오위타이(釣魚臺) 국빈관에서 첸치천 중국 외교부장과 단독회담을 가졌다. 이때 첸치천 부장이 비밀리에 수교회담을 갖자고 전격 제안해 왔다.

당시 수교회담의 제일 중요한 전제는 극도의 비밀유지였다. 중국과 한국 모두 각기 북한과 타이완을 의식한 것이었다. 이 장관은 귀국 직후 수교회담 준비를 지시해 권병현 본부대사(주중 대사 역임)가 실무회담 수석대표를 맡고, 신정승 동북아2과장(주중 대사 역임)은 외무부 등 정부 내 보안을 위해 병가를 내고 워커힐 호텔이나 안가

에서 협상 준비를 했다.[12]

양국은 서울과 베이징을 오가며 수교회담과 어업, 항공, 무역 등 3개 회담을 동시에 병행하였다. 수교회담은 김석우 국장이 장관으로부터 직접 지시를 받아 신정승 전 과장을 데리고 진행하고, 심의관인 나는 항공, 무역, 어업회담에만 전념하였다. 나는 신정승 동북아2과장이 갑자기 병가를 낸 것에 대해 본인에게 물어보지도 않고 모르는 척해야 했다. 심지어 베이징에 어업회담을 하러 가서도 김하중 참사관 등 수교회담 하는 직원들을 만나도 모르는 체하였다. 호텔도 다른 호텔을 이용했으며 비행기를 타고 오가면서도 서로 못 본 체하는 경우가 있었다. 왜냐하면 일이 되도록 해야 했고 되는 것이 무척 중요했기 때문이다.

그러던 어느 날 토요일이었는데 김석우 국장이 오늘 약속이 없으면 점심이나 하자면서 함께 가자고 해서 간 곳이 안가였다. 안에 들어가니 권병현 대사, 신정승 과장 외에 갑자기 사라졌던 타자수도 보였다. 그동안 한·중 수교라면 시초부터 관여해 오던 나로서 막판 결정적인 단계에서 배제된 점에 대해 솔직히 소외감을 느끼지 않을 수 없었다.

이제 한·중 수교가 시간문제로 박두해 옴에 따라 두 나라의 인적·물적 교류와 협력이 폭발적으로 증가할 것으로 예상되므로 항공 분야에서 정부간 협정 체결에 대비한 실무회담을 가속화해야 할 필요를 느꼈다.

무역대표부에 근무하면서부터 중국 관계자들과 접촉해 오던 터

---

[12] 이상옥, 『전환기의 한국외교-이상옥 전 외무장관 외교회고록』, pp.168, 205~207

이라 본부 귀임 후에도 베이징과 서울을 오가며 별 어려움 없이 실무회담을 지속할 수 있었다.

한·중 항공, 어업 실무회담 개최

항공회담은 1991년 2월부터 개시해 여러 차례 실무회담을 해 왔다. 중국 외교부는 옵서버로 참가해 통제는 하면서도 민용항공총국이 나서고, 한국은 내가 교통부 등 관계 부서가 참여한 실무 대표단장이 되어 진행해 왔다. 외교부에서는 동북아2과 배재현 서기관(외교부 의전장 재임), 김원수 조약과장(유엔사무총장 특보 재임)이 포함되어 있었다.

항공회담의 최대 쟁점은 비행정보구역 경계선(Flight Information Region, FIR), 즉 관제이양점을 어디에 정하느냐 하는 것이었다. 또 비행편수와 이착륙 지점을 집중 논의했다. FIR은 동경 124도와 125도 사이 서해 영공이었다. 한국은 124도를, 중국은 125도를 주장해 양측 간 평행선을 달리고 있었다. 우리는 당시 중·일 간에 제주 남쪽 비행회랑(Air Corridor)에 동경 124도를 FIR로 인정된 사례를 들어 124도가 타당하다는 입장이었다. 중국은 그들이 국제항공수송협회(International Air Transport Association, IATA) 협정에 가입하기 전에 타이완만이 가입한 상황에서 정해진 것이므로 인정할 수 없다는 것이었다.

어업회담 의제로는 긴급 피난과 어업 질서 외에 새롭게 영해경계 획정 부분이 추가되었다. 우리는 영해경계 획정을 위해 중간선 원리를, 중국은 대륙 연장론을 주장하는 등 입장 차이로 조율하는 데 시간이 많이 걸렸다. 특히 무인도인 퉁다오(童島) 섬 문제가 쟁점으로 대두되었다.

나는 중국 측에 그간 세 차례에 걸친 협상에서 긴급 피항, 어업 질서 유지, 황해 경계획정에 직선기선원칙 적용 등 합의된 사항을 합의문으로 하여 가서명하자고 제의한 데 대해 중국 측도 동의하는 등 드디어 타결이 되는 듯 보였다. 그래서 합의 사실을 본부에 보고했는데 갑자기 조약국에서 이의를 제기하는 바람에 가서명이 실현되지 못했다. 실질적인 내용에 문제를 제기한 것이 아니라 용어 오탈자 등 형식적인 것을 문제 삼아 가서명을 반대한 것이었다. 이로 인해 나의 체면이 크게 깎일 수 있었는데도 중국 수석대표인 쑹즈원 국장은 자초지종을 설명들은 뒤 "모든 것을 이해하니 너무 개의치 말라"며 미안해 하는 나를 오히려 위로했다.

한·중 수교회담 타결

한편 별도로 진행된 수교회담은 1차 예비회담이 5월 14일부터 15일까지 베이징 댜오위타이 국빈관에서, 2차 회담도 6월 2~3일 같은 장소에서 가졌다. 이는 서울에서는 언론보도 등으로 인해 보안을 지키기 어렵기 때문이었다. 당시 외무부는 한 번의 보안 유출로 협상이 끝날 수도 있다는 생각에 중국의 제의를 받아들일 수밖에 없었다.

반면 3주 후에 속개된 3차 회담은 서울 워커힐호텔에서 가졌는데 아무리 보안이 생명이라 할지라도 상호 호혜평등 원칙으로 진행해야 하는 수교회담을 상대국 수도에서 계속할 수 없다는 판단에서

였다.[13)]

　세 차례 예비회담을 가진 뒤 1992년 7월 29일 베이징 댜오위타이 국빈관에서 본 회담을 열었다. 우리 수석대표는 노창희 외무차관이 맡았다. 원래 장관급인 김종휘 청와대 외교안보수석이 참가할 생각이었는데 중국의 쉬둔신(徐敦信) 외교부 부부장이 차관급이다 보니 우리도 의전 문제를 생각해 노 차관으로 교체하였다.

　노창희 수석대표는 당시 본 회담에서 중국 파트너인 쉬둔신 대표와 수교에 가서명했다. 우리는 "가서명은 베이징에서 했으니 본 서명은 한국에서 하자"고 제의했는데, 중국은 "정치국원을 겸했던 첸 외교부장이 단시간에 한국에 가기가 어려우니 한국 외무장관이 중국을 방문해 공동성명에 서명하고 발표하자"고 역제의해 그렇게 하기로 합의했다.[14)]

---

13) 이상옥, ibis, pp.209-214
14) 이상옥, ibis, p.215

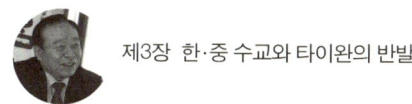

제3장 한·중 수교와 타이완의 반발

타이완의 수교 저지 외교에 대한 대응

한편 당시 중·타이완 양안 관계는 정치·군사적으로는 대립상태가 지속되었으나 민간 차원에서는 활발한 교류와 접촉이 이루어지고 있었다.

1978년 12월 개혁개방정책을 채택한 중국 지도부는 1979년 1월 1일 전국인민대표대회 상무위원회 명의로 '타이완 해협 양안 간 상호 폭격 중지, 협상을 통한 평화적 통일, 3통(通商·通郵·通航) 실현을 제의하였으며, 2년여 후인 1981년 9월 30일에는 예젠잉(葉劍英) 국가부주석 명의로 중국 공산당과 국민당 간 대등한 담판, 3통 및 친척방문, 관광 및 학술·문화·체육 교류, 타이완의 특별행정구화' 등의 타이완 문제 해결 9가지 방안을 제시하였다.

특히 실권자 덩샤오핑은 특별행정구 설립을 통한 '1국가 2제도' 해결방안을 처음 제시하고, 1982년 12월 헌법 제31조에 "국가가 필요시 특별행정구를 설치할 수 있다"는 조항을 삽입하였다.

1983년 6월 26일 덩샤오핑은 "통일 후 타이완을 '특별행정구'로 하여 대륙과 다른 제도를 실행한다. 타이완 정권이 기존 고유 권력을 향유하고 사법독립과 자체 군대를 보유토록 하며, 대륙 중앙정부의 군대나 관리를 파견하지 않고 타이완 당·정·군 계통을 타이완 스스로 관리토록 하는 것을 보장한다"는 방안을 제시하였다.

이러한 중국의 통일공세에 대해 타이완 정부는 1979년 "대륙과는 접촉도, 협상도, 통행도 하지 않는다"는 3불정책(不接觸·不協商·不通行)으로 대응했다. 특히 국공 내전 당시 장제스 군대를 따라 타이완으로 들어온 대륙 출신자들의 강력한 대중국 완화정책 실시 요구로 1987년 10월 14일 '3불정책'은 지속 견지하되, 타이완 민중의 3촌이내 대륙 친척 방문, 서신 내왕, 대륙 출판물 및 중약재·석탄·면 수입 등을 개방하기로 하였다.

이후 중국과 타이완 양안 거주 친척 상봉이 제3지역인 홍콩에서 많이 이루어졌다. 당시 홍콩 기차역 부근에서는 타이완에서 온 친척과 만나기 위해 남루한 옷을 입고 무리를 지어 이동하는 중국 대륙인들을 자주 목격할 수 있었다.

양측의 민간교류가 빈번해지자 타이완 정부는 1990년 11월 21일 대륙과 연락 및 협상을 담당할 민간기구로 '타이완해협교류기금회(해기회)'를 설립하였다. 중국 정부도 1991년 12월 16일 '해기회'를 상대할 '중국해협양안관계협회(해협회)'를 설립하여 1992년 3월 9일부터 업무를 개시하였다.

그러나 정치적으로는 1989년 동구 사회주의국가 몰락 및 6·4 톈안먼 사건 발생, 1991년 소련연방 해체 등 정세가 급변하면서 당시 타이완 총통 리덩후이가 '2개 중국', '1중 1대(一中 一臺, 하나의 중국 하나의 타이완)' 정책을 추진, 긴장상태가 조성되고 있었다.

신임 주한 타이완 대사 부임과 한·중 수교 저지

1990년 베이징아시아경기대회가 성공적으로 개최되고 한·중 무역대표부 상호 설치 합의 등 두 나라의 관계 진전이 가속화되고 있는 시점에 타이완의 진수지(金樹基) 주한 대사가 부임했다. 그는 본부에서 정무차관을 역임한 터라 관례상 임기만 잘 마치면 본국의 외교부장으로 영전이 예고된 상태였다. 따라서 한·중 수교를 저지하거나 최대한 지연시키는 일이 그의 최대 임무이며 목표였다.

진수지 대사는 1991년 11월 중국 첸치천 외교부장의 방한, 1992년 4월 이상옥 외무장관의 방중 이후에 개시된 비밀 수교 협상설 등이 언론에 보도될 때마다 신경을 곤두세우며 사실 확인 또는 해명을 요구하곤 했다. 그때마다 우리 대답은 "중국과의 관계 발전과 수교를 계속 추진할 것이다. 그렇지만 중화민국과 우호관계를 유지하기 위한 노력도 계속할 것이다"라고 대답해 왔다.

타이완 측은 한·중 수교 방침보다는 "한국이 중화민국과 우호관계 유지에 노력한다"는 취지에만 방점을 찍어 부각시키는 등 자국에 홍보하기 위해서인지 아전인수격 해석을 하곤 했다. 나중에 이것이 타이완 국민들로 하여금 한국이 배신했다며 극심한 반한 감정을 유발시킨 원인이 된 것이다.

타이완 총통 특사, 수교 저지를 위해 방한

이상옥 장관이 베이징을 다녀온 지 1개월 후인 5월 6일부터 9일까지 타이완 리덩후이(李登輝) 총통은 총통비서장과 외교부장을 역임한 원로 정치인 장옌스(蔣彦士) 특사를 한국에 파견했다. 타이완은 당초 그 이전에 장 특사를 보내겠다고 했으나 이 장관의 방중 직후로 유도했다.

장 특사 방한에는 타이완 한국민간경제협력위원회 구롄쑹(辜濂松) 회장과 장샤오옌(蔣孝嚴) 외교부 정무차장, 장빙쿤(江丙坤) 경제부차장 등이 수행하였으며 청와대와 외무부 예방, 외무장관 주최 만찬 일정 등을 가졌다.

이상옥 장관은 아주국 심의관이던 나에게 "타이완 특사단 전 일정을 책임지고 극진히 모시라"고 지시하여 나는 그들이 공항에 도착해서 출국할 때까지 정중하게 모셨다. 타이완이 섭섭해 하지 않도록 각별히 배려한 것이다.

공항에 도착해서 짐을 찾는데 선물박스로 보이는 짐이 유난히 많았다. 그것이 우리 외무부 장·차관 등 간부들에게 전달할 선물이라는 것이다. 외무부에 가져와서 펴보니 나와 김석우 아주국장에게 주는 골프채 선물도 포함되어 있었다. 당시 골프에 대한 일반인 등 여론의 눈총도 곱지 않은데 과연 받아야 할지 고민이었다. 김석우 국장과 궁리 끝에 곧 있을 외무부 부인회 주최 자선바자회에 기증하기로 하고 살 사람이 없으면 우리가 돈을 주고 사기로 했다. 결국 살 사람이 없어 우리가 사는 수밖에 없었다.

장 특사는 청와대 예방 때 리덩후이 총통의 친서를 전달하면서 "한국이 중국과 경제관계만 유지하고 정치관계는 갖지 않기를 요망

한다"고 하였다. 그리고 노 대통령 내외의 타이완 방문 초청과 자신의 방한 희망을 표시하였다. 이상옥 장관은 공관 만찬 연설에서 "중국과의 관계 개선과 정상화가 한반도에서 전쟁을 방지하고 평화와 안전을 유지하며 평화적 통일을 달성코자 하는 국가적 노력의 일환으로서 한국이 그런 노력을 중단하는 것은 통일을 포기하는 것이 된다"면서 수교 불가피성을 설명했다.[15]

이처럼 수교 불가피성을 수차례 직간접적으로 또는 은유적 방법으로 전달했음에도 타이완은 일종의 '희망적 사고(wishful thinking)'로만 일관했다. 당시 국제정세 상황으로 보나 북방정책의 완성이라는 한국 외교의 목표에 비추어 한·중 수교는 필연적인 것으로 인식되고 있었으며, 하나의 중국 원칙은 이미 국제사회에 공인된 이상 한·중 수교에 따른 한·타이완 단교 역시 불가피한 현실이었다. 타이완 정부와 주한 대사는 냉철한 상황 파악보다는 장밋빛 시각으로만 일관한 것이 문제였다.

한·중 수교에 대한 타이완의 자세

사실 우리 외교부는 주한 타이완 대사관 직원들과 접촉을 회피하지 않았음에도 내가 심의관으로 있는 동안 찾아오는 직원이 거의 없었다. 진수지 대사만 세 차례 정도 장관 면담차 방문했을 뿐이었다.

타이완의 입장에선 대사 외에 전 공관원을 총동원하여 외무부 장·차관 이하 실무자에 이르기까지 직접 만나서 정보도 듣고 상황

---

15) 이상옥, ibis, pp.201~202

변화 추이를 파악해야 했는데도 말이다.

진 대사는 주로 채문식 전 국회의장이나 국회 외무위원 등 친타이완 정계 인사나 조영식 경희대 재단이사장, 이상우 서강대 교수 등 학자들을 만나 타이완의 입장을 전달하며 협조를 요청했을 뿐이었다.

우리 정부는 중국과 수교를 앞둔 1992년 8월 서울에서 예정되어 있던 한·타이완 제25차 연례 각료회의를 연기한다고 타이완에 통보했다. 타이완은 샤오완창 경제부장이 방한할 예정이었다.

8월 24일 대중 수교가 결정된 상황에서 8월 10일 재무부에 연기 요청을 한 뒤 내가 타이완 대사관 왕카이 공사를 불러 설명했다. 명목상의 이유는 재무부에서 만들어 냈다. 우리 임시국회가 8월 중순에 열릴 예정이어서 장관이 국회에 출석하게 된 만큼 무기연기가 불가피하다고 둘러댈 수밖에 없었다.

이에 대해 타이완은 즉각 반발하고 나섰다. 8월 13일 오후 첸푸(錢復) 외교부장은 박노영 주타이완 대사를 초치해 유감을 표시하는 등 노발대발했다는 후문이었다.

우리 정부는 당시 타이완이 아직 수교국인 이상 중국과의 수교 사실을 미리 알려 줘야 한다고 판단, 1차로 8월 18일 오전 11시 이상옥 장관이 진수지 대사를 롯데호텔에서 만나 한국과 중국이 그간 수교 교섭에서 실질적인 진전(substantial progress)이 있었다면서 구체적인 내용을 통보했다.[16]

진 대사는 수교 일자를 알려 달라고 요구했고, 이 장관은 "수일

---

16) 이상옥, ibis, pp.222~223

내 알려 주겠다. 이 내용은 대외비로 해 달라"고 요청했다. 타이완은 거친 반응을 보였다. 곧바로 외신에 공개했음은 물론이다. 타이완에서는 8월 19일 장샤오옌(蔣孝嚴) 외교부 차장이 박노영 대사를 불러 "한·중화민국 관계에 엄중한 결과를 초래한 데 대해 모든 책임을 져라" 하고 통보했다. 이날 서울에서도 진 대사가 이상옥 장관 면담을 요청, 아래 3개 요구사항을 전달했다.

1) 한·중 수교로 중국이 유일한 합법 정부라는 주장을 절대로 받아들이면 안 된다.
2) 한국은 중화민국과 외교관계 유지를 위해 가능한 모든 노력을 해야 한다. 그럼에도 불구하고 외교관계 유지가 불가능할 경우 장래 우리의 한국 주재 대표기구에 중화민국 명칭을 사용하게 해 달라.
3) 여타한 경우에도 명동대사관의 재산은 우리 소유이며 중국이 탈취할 수 없다.[17]

이에 대해 이상옥 장관은 "3가지 요구사항을 수용하기에는 이미 때가 늦었다"면서 다음날 8월 21일 장관 집무실에서 만나 한·중 수교와 관련된 구체적 사안을 알려 주겠다고 대답했다.

그리고 8월 21일 외무부장관실에서 진 대사에게 한·중 수교를 공식 통보했다. 당시 면담에 타이완 대사 외에 왕카이 공사, 스딩(石定) 참사관이 참석했는데, 스딩 참사관은 훗날 내가 주타이베이

---

17) 이상옥, ibis, pp.224~226

대표로 근무할 때 타이완 외교부 아주국장으로 있으면서 국적기 복항 등 민감한 문제를 가지고 잦은 접촉을 가졌으나 기대한 협조를 얻지 못해 무던히도 애를 먹었다.

이상옥 장관이 통보한 요지는 다음과 같다.

1) 8월 23~25일까지 첸치천 중국 외교부장 초청으로 방중하여 공식 수교 성명을 발표할 계획이다.
2) 한국은 중국과 수교하면서 타이완과의 관계에 손상을 주지 않으려 최대한 노력했으나, 하나의 중국 원칙이 국제적 현실임에 비추어 부득이 귀국과 외교관계를 단절하지 않을 수 없음을 유감으로 생각한다.
3) 그러나 한국 정부는 귀국 정부와 가능한 최상의 비공식 관계를 유지하고자 한다. 경제·문화 등 여러 분야에서 실질 협력관계가 유지 발전되기를 희망하며, 양측과 비공식 관계 설정을 위한 협의가 조속히 진행되기를 바란다. 아울러 노태우 대통령이 가까운 시일 내 중국을 공식 방문할 계획이며, 중화민국 정부가 동의한다면 9월 초 특별사절단을 파견해 우리 사정을 설명하겠다.[18]

타이완의 첸 외교부장은 8월 22일 오후 박노영 대사를 초치, "중화민국 정부는 대한민국 정부가 곧 중국과 외교관계를 수립할 것에 대해 가장 엄중한 항의를 제기하고 한국이 중국 대륙과 수교하는

---

18) 이상옥, ibis, pp.228~229

날부터 외교관계를 단절하기로 결정했다"며 본국 외무장관 앞 공한을 수교했다.

첸 부장은 박 대사에게 모욕적인 발언도 서슴지 않고 격앙된 발언을 쏟아냈으며, 곧 이어진 특별 기자회견에서 "중화민국은 능동적으로 한국과 관계 단절을 결정했다"고 강조하고 "한국에 대한 모든 무역상 특혜조치를 취소하며 9월 15일부터 항공협정도 폐지한다"고 발표했다.[19]

---

19) 이상옥, ibis, p.232

 제3장 한·중 수교와 타이완의 반발

한·중 수교 공동발표와
노태우 대통령 최초 방중

1992년 8월 23일 오전 10시 김포 국제공항. 지난 4개월여 동안 진행된 중국과의 수교협상 타결로 이상옥 외무장관을 비롯한 우리 정부 대표단이 탑승한 베이징행 아시아나항공 특별기가 하늘로 비상했다.

한·중 수교 협정 서명 한국 대표단 일원으로

다음날 8월 24일 역사적인 한·중 수교 협정에 서명하는 정부 대표단 일원으로 참가한다는 감격 때문인지, 지난 수년간 '죽의 장막'이었던 미지의 중국에 발을 디뎌 수교라는 하나의 목표를 향해 열정적으로 뛰어다녔던 기억들이 주마등처럼 펼쳐졌다. 실로 만감이 교차하는 감개무량한 순간이었다.

대표단 출발에 앞서 수일 전 구성된 대표단 명단에 담당국장인 김석우 아주국장은 빠져 있고 대신 심의관인 내 이름이 포함된 것을 보고 다소 의아했다. 매사에 빈틈없이 꼼꼼한 분으로 정평이 났던 이상옥 장관이 날 배려한 것 아닌가 짐작했다. 사실상 한·중 수교 준비라면 베이징이나 서울에서 공히 처음부터 깊숙이 참여해 온 나였는데 보안상의 이유로 배제된 데 대해 신경을 써주지 않았나 생각한다.

나는 비밀회담이 진행되고 있는 동안에도 나 자신의 참여 여부보다는 일의 성사가 중요하다고 판단해 항공, 어업협상 등 내 역할에만 충실하려고 노력했다. 수교의 열매를 맺는 순간인데도 나의 숨은 노력을 인정해 주면서 자리를 비켜 준 미덕을 보여 준 김석우 아주국장을 높이 평가한다.

대한항공과 아시아나항공을 균등하게 대우하는 차원에서 대표단이 베이징으로 갈 때는 아시아나항공을, 귀국할 때는 대한항공을 이용하였다. 당시 항공 협정이 체결되지 않아 서울-베이징 직항노선이 개설되지 않았고 아시아나항공이 서울-톈진, 대한항공이 서울-상하이를 주 2편씩 정기적으로 전세기를 운항하고 있었기 때문에 중국 당국의 특별허가를 받아 대표단이 탑승한 아시아나항공이 서울로부터 베이징에 직행한 후 톈진으로 가게 되었다.

귀국할 때는 대한항공이 베이징까지 와서 대표단이 탑승한 후 상하이를 경유하여 서울로 운항하였다. 신규로 창설한 노선이고 황금노선이다 보니 한·중 직항노선을 확보하기 위해 국내 양대 항공사의 경쟁이 치열하였으며, 항공 실무회담을 이끌던 나로서는 더욱

수교 조인식 전날인 8월 23일 중국측과 수교 발표를 위한 최종 회담을 하고 있다.
오른쪽부터 통역 이영백, 이상옥 외무장관, 노재원 무역대표부 대표,
권병현 전 주중 대사(수교 실무회담 대표), 필자.

1992년 8월 24일 이상옥 외무장관과 첸치천 중국 외무장관이
댜오위타이 팡페이위안(芳菲苑)에서 수교문서에 서명하는 모습.

수교 협정 조인식 후 양국 대표단의 기념촬영. 왼쪽에서 두 번째가 필자. 네 번째는 권병현 실무협상 대표(전 주중 대사), 이상옥 외무장관(여섯 번째), 첸치천 중국 외교부장(일곱 번째), 장팅옌 아주국 부국장(전 주한 대사, 열한 번째)

수교 서명 후 축배하는 모습. 왼쪽에서 세 번째가 필자. 첸치천 중국 외교부장(다섯 번째)과 이상옥 외무장관(여섯 번째), 장팅옌 아주국 부국장(전 주한 대사, 아홉 번째) 등의 모습이 보인다.

신경을 쓰지 않을 수 없었다.

대표단은 댜오위타이 국빈관에 투숙하였다. 도착 당일 오후 4시 30분부터 6시까지 이상옥 외무장관과 첸치천 외교부장의 회담이 진행되었고, 다음날 발표될 수교협정을 최종 마무리하였다. 이 회담에서 남북한 관계, 북한 핵문제, 수교 후 예정된 노태우 대통령 방중, 정부 간 협정체결, 대사관 및 총영사관 설치 등 광범위한 이슈에 관해 논의했다.

그 가운데 내 담당은 각종 정부 간 협정 체결 문제인데, 이 장관은 항공협정 등 각종 협정 체결을 위한 협의를 조속히 개시할 것을 제의했다. 첸 부장은 민간 형식인 무역협정과 투자보장협정을 정부 간 협정으로 전환하는 것은 물론 가까운 이웃 나라로서 항공, 해운, 어업 협정을 조속히 체결할 필요가 있다고 동의하였다.

대한민국과 중화인민공화국 간의 외교관계 수립에 관한 공동성명은 1992년 8월 24일 오전 9시(한국시간 오전 10시) 베이징 댜오위타이 국빈관 18호관 팡페이위안(芳菲苑)에서 정식서명과 동시에 발표되었다. 오후에는 3시 30분부터 약 40분간 중난하이(中南海)의 외빈 접견실인 쯔광거(紫光閣)로 리펑 국무원 총리를 예방하였다.

중난하이로 들어가는 정문인 신화루(新華樓)에 진입할 때 나는 만감이 교차하는 순간을 경험했다. 이 문은 우리나라 청와대 정문과 같으며 당정 최고위급 집무실과 관사가 모여 있어 중국 최고 권부로서 베이징아시아경기대회 때부터 수없이 앞을 지나가며 "언제쯤 우리 귀빈이 이 문을 통과할 수 있는 날이 오겠나" 하고 고대하던 터였는데 오늘에야 실현된 것이다.

이어 우리 대표단은 인민대회당 푸젠팅(福建廳)에서 양상쿤 국가

주석을 예방하였다. 3년여 전 톈안먼 반정부 시위가 한창일 때 시위대 구호의 주된 타도 대상이었던 이 두 고위인사가 건재한 가운데 한·중 수교를 계기로 연달아 직접 만날 수 있게 된 것이 무척이나 감회가 깊었다.

우리 대표단 일행은 베이징에서 2박3일의 일정을 마치고 1992년 8월 25일 아침 8시 대한항공편으로 베이징을 떠나 귀국 도중 상하이 공항에 기착하였다.

상하이 공항 귀빈실에는 자오치정(趙啓正) 상하이 외사담당 부시장과 외사판공실 쉬자오춘(徐兆春) 주임이 이상옥 장관을 영접하기 위해 나와 있었다. 이 자리에서는 중국의 경제 중심지이며 한국 임시정부 청사 소재지로서 조속한 시일 내에 한국총영사관 개설이 필요하다는 데 동감하고 서로 협조하기로 하였다.

상하이 시 외사판공실 쉬 주임과는 내가 다음해 1993년 3월 초대 총영사로 부임하게 되면서 재회하여 긴밀한 협조 관계를 유지하였다. 자오 외사담당 부시장은 푸둥개발위원회 주임으로 보임되어 우리 기업의 상하이 푸둥지역 진출에 많은 협력을 해 주었다.

자오 주임은 베이징 중앙 무대에 진출하여 국무원 신문판공실 주임(장관급)을 거쳐 현재 전국인민정치협상회의(政協) 외사위원회 주임으로서 방한할 때마다 일부러 나를 찾아볼 정도로 의리가 있는 분이었다. 내가 상하이 총영사로 있을 때 이상옥 전 외무장관 부부가 중국 정부 초청으로 상하이를 방문하였는데 자오 부시장이 친히 만찬을 베풀어 준 적이 있다.

대통령 방중에 맞춰 항공회담을 타결하라

한·중 수교 이후 노 대통령 방중(1992년 9월 27일)을 앞둔 9월 초순경 이상옥 외무장관이 불러서 갔더니 "대통령의 방문 성과를 극대화하기 위해 항공협정에 서명하기로 했다"고 말하는 것이었다. 그리고 한·중이 이미 무역협정과 투자보장협정을 체결한 만큼 항공협정도 민간에서 정부 간 협정으로 바꾸면 되지 않겠느냐는 것이었다.

이어서 노 대통령 방중 때 항공협정을 정식으로 서명하려면 우선 가서명이라도 해 둬야 하니 빨리 준비해야 한다며 실무대표단을 이끌고 중국에 다녀오라고 했다. 수교 전 실무회담을 했을 때 최대 쟁점은 FIR(비행정보구역 경계선)과 '1국 1항공사' 문제였다. 중국은 당시 한국의 양대 항공사가 치열한 경쟁을 벌이고 있는 것을 간파한 데다 항공 서비스면에서 우리와 경쟁이 안 되는 점 등을 감안해 1개 항공사로 제한하려 했던 것이다.

게다가 이를 미끼로 영공통제 및 비행정보구역 경계선의 설정 등에서 우리의 양보를 얻어내려는 것이 분명해 보였다. 우리는 FIR 동경 124도(한국)와 125도(중국) 쟁점안을 다소 양보하면서까지도 타결했으면 좋겠다는 입장이었다. 하지만 이는 항공 주권이 미치는 공중 영토(영공)에 영향을 미치는 것이어서 민감할 뿐 아니라 주권과도 관련된 것이어서 아주 중요한 문제였다.

장관 얘기는 가능한 최선을 다하여 타결하고 오라는 지시였으나 내 판단은 달랐다. 과거 민간협정 체결을 위한 협상 경험에 비추어 볼 때 중국은 결코 양보하지 않을 것이며 이렇게 되면 우리가 양보할 도리밖에 없다는 걱정이 앞섰다. 특히 우리가 미리 타결 시한을 정해 놓고 하게 되면 결국은 우리가 양보해야 한다는 결론밖에 나오지 않았다.

그래서 나는 실무회담 대표로서 중국에 가라는 지시를 받고 심사숙고한 끝에 무턱대고 가 보아야 타결 가능성이 높지 않고 더욱이 시간을 정해 놓고 가는 것은 문제가 있다고 보기 때문에 이 회담을 반드시 가서명까지 이르도록 꼭 타결해야 한다는 구속은 받지 않겠다. 가능한 타결 노력은 기울이되 최소한 기대한 만큼의 성과가 안 나올 시는 회담 결렬도 불사한다라는 방침을 정하였다.

그리하여 가능한 타결 시도를 하되 만일 우리 입장과 동떨어지게 중국이 너무 일방적으로 기존 요구를 고수할 때는 회담의 결렬도 불사한다는 내용의 내부 건의 문서를 작성하여 장관 및 대통령의 재가를 받아 두었다. 당시 배재현 서기관과 김원수 조약과장도 나의 이러한 마음을 이해하고 전적인 협력을 해 주었다.

그때를 떠올려보면 어떻게 그처럼 용기 있게 장관에게 이런 건의를 했을까 스스로 신통하다는 생각이 들기도 한다. 당장 타결하고 오면 대통령이나 장관으로부터 잘했다는 소리는 들을 수 있겠지만 내용을 알고 보면 결국 국가이익을 지키지 못했다는 지적과 주어진 자리에서 최선을 다하지 못하고 현실과 타협했다는 자괴감과 함께 후대에 부끄러움을 간직하고 참회하며 살아야 한다는 생각에서 용기백배했던 것 같다.

대통령의 방중에 맞춰 타결하려는 목표를 수행했더라면 뒤탈이 날 수도 있고 자자손손 죄인이 될 수도 있는 일이다. 이처럼 국익과 관련된 여러 협상을 하면서 "이완용이가 따로 없겠구나. 국가이익보다 개인의 이익을 앞세우는 경우 누구든지 국익을 저버리는 매국노가 될 수 있다"는 생각이 들곤 했다. 일부에서는 나의 이런 모습

때문에 큰 출세를 못했다고 하기도 하지만, 당시 결정에 대해 조금도 후회하지 않는다.

중국 외교부, 직접 나와라

외교관의 행위 하나하나가 국가이익에 큰 영향을 미친다. 약간의 실수도 국익을 크게 해치고 때론 주워 담을 수 없는 손실을 끼칠 수도 있다.

중국에 도착해 보니 루루이링 민용항공총국 국제협력국장이 수석대표로 나왔다. 첸쩌민(錢澤民) 민용항공협력국 부국장과 외교부 아주사(司)의 조선처 차석(서기관급)을 출석시켜 우다웨이(武大偉) 아주사(司) 부사장(주한 중국 대사, 중국 외교부 부부장 역임, 중국 외교부 한반도 특별대표 재임)이 뒤에서 원격조정을 하고 있었다. 실질적으로 외교부가 개입하면서도 그동안 민용항공총국이 맡아 온 것이니까 계속 협상을 진행하게 맡겨 둔 것이었다. 이는 전문성이 필요한 분야의 경우 관련 부처의 입장을 최대한 존중하는 중국 정부의 제도적인 특성도 보여 주는 것이다. 물론 사실상 외교부가 뒤에서 조정하는 것이지만 말이다.

앞에서도 언급했듯이 다른 조항은 쟁점이 안 됐으나 FIR은 예상대로 중국이 125도라는 기존 입장을 고수하고 있어 난항이 지속되고 있었다. 우리는 우리대로 124도를 주장하면서도 어느 정도는 타협 가능성이 있음을 넌지시 시사해 보았는데도 중국은 계속 기존 입장에서 물러나지 않았다. 이에 나는 "기존 입장을 고수한다면 이젠 나는 당신들과 더 이상 얘기할 수 없다. 뒤에서 조종하고 있는 것 같은데 수교도 됐으니 외교부가 직접 나와라" 하고 강력하게 요구했다. 오전 회의 막판에 아무런 변화 조짐이 없자, 나는 "점심 먹고 돌아가겠다"며 중국 대표단이 보는 앞에서 우리 공관에 비행기표 예약을 요청하면서 배수의 진을 쳤다.

중국은 그때까지 아쉬운 게 많은 한국이 주요 쟁점에 대해 양보를 할 것으로 예측한 것 같았다. 사실 한국과 여러 차례 다른 분야에서 협상을 하면서 실제로 그렇게 된 사례가 많다 보니 '한국은 얼마든지 다룰 수 있다'는 일종의 학습을 한 것처럼 보였다. 이번에도 노태우 대통령이 방중을 앞둔 시점에서 결국 양보할 것으로 기대한 것이었다. 그런데 예상 밖에 내가 아주 강하게 나가니까 상당히 당황한 기색이 역력했다.

그들은 주중 대사관을 통해 연락을 해 왔다. "바로 가지 말고 우다웨이 부사장이 만찬에 초대하니 식사나 같이 하자"는 통보였다. 그때 저녁 식사 장소에서 우다웨이와 첫 대면을 하였다. 우다웨이는 하얼빈 출신에다 중국어 발음도 빨랐다.

우다웨이와 대면한 나는 점잖게, 하지만 강경하게 이렇게 말했다. "그동안 수차례 회담을 했는데도 외교부는 안 나오고 민용항공총국 관계자만 왔는데 외교부 부사장이 나오셨으니 내가 하고 싶었던 얘기 다 하겠다. 그동안 수교 과정에서 중국이 일방적으로 무례한 요구를 했을 때 받아들인 경우가 많았다. 그래서 솔직히 말해 한국의 양보가 있었기 때문에 수교까지 가게 되지 않았는가. 이제 항공협정은 수교도 된 상태에서 협정을 체결해야 하는 상황이다. 따라서 이제는 한·중 양국이 상호 호혜평등 하에서 해야 되지 않겠는가. 그러니 중국이 일방적으로 무리하게 요구하는 방식의 자세는

제3장 한·중 수교와 타이완의 반발 | 135

시정됐으면 좋겠다. 중국이 전가의 보도처럼 얘기하는 호혜평등 원칙에서 하자. 결렬까지도 할 수 있다."

이렇게 한바탕 경고를 했더니 우다웨이는 매우 당황한 기색을 보였다. 그동안 자기들이 하자는 대로 대부분 순순히 들어주던 한국이 웬일로 이런 고자세로 나오나 하고 당황한 것 같았다. 또 한국이 설마 자국 대통령의 방중을 앞두고 협상을 깰 수 있을 것인가라는 생각에서 안이하게 판단했던 것 같다.

우다웨이는 내일 한 번 더 중국 대표와 회담을 해 보라며 조기 귀국을 만류하는 모습이었다. 나는 이에 대해 "알겠다. 하지만 회담한 차례 더 하는 게 아니라 지금 내가 한 말을 중국 측이 잘 염두에 두고 회담장에 나와 달라"고 주문했다. 그 다음날 속개된 회담에서도 중국 측은 역시 125도를 고수했다.

우리가 기대했던 양보가 없어서 결렬 선언을 하고 오후에 귀국했다. 중국은 "다음에 다시 하자"고 나왔다. 그리하여 노 대통령 방중 때 항공협정 서명은 이루어지지 못했다. 항공협정이 최대 관심사였던 만큼 중요하게 취급했지만 노 대통령이 귀국하고 나서 이 장관이나 청와대에서는 특별히 문제 제기를 하지 않았다.

이처럼 최대 쟁점이었던 FIR 문제는 내가 상하이 총영사 시절인 1994년 7월 26일 결국 현재의 비행정보구역 경계선인 동경 124도를 그대로 기준하는 내용으로 양국 간 가서명을 했다.[20] 지금 돌이켜볼 때 "그때 중국 측 입장을 수용해 125도로 타결지었더라면 어떻게 되었을까" 생각하면 아찔하기까지 하다.

---

20) 연합뉴스(1994. 7. 26)

노태우 대통령의 역사적인 중국 방문

결국 노 대통령의 역사적인 중국 방문은 9월 27일부터 30일까지 이루어졌으며, 김석우 아주국장이 공식 수행원으로 참가하였다. 방중 주요 일정으로는 양상쿤 국가주석과 회담, 리펑 총리 면담 외에 장쩌민 당 총서기와의 우호적인 회담을 가졌다. 다만 당초 기대했던 덩샤오핑과의 면담은 아쉽게 실현되지 못하였다.

가서명 미비로 항공협정 서명은 실현되지 못했지만 무역협정, 투자보장협정, 경제무역기술협력위원회 설립에 관한 협정 및 과학기술협력 협정이 서명됨으로써 실질적인 방중 성과를 거둔 셈이었다.

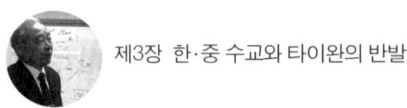
제3장 한·중 수교와 타이완의 반발

한·타이완 비정부 관계 복원

우리 정부는 중국과의 수교로 단교된 타이완과의 비공식 관계 설정을 위해 빠른 시일 내에 고위 사절단을 타이완에 파견하기로 방침을 정했다. 단교로 정부사절단을 보낼 수 없어 민간사절단 파견 형식을 갖추기 위해 파견 주체를 여당인 민주자유당으로 하였다.

당시 하와이에서 암투병 중이던 정일권 전 총리를 고문으로, 김재순 전 국회의장을 단장으로 하고 나웅배 의원(전 부총리겸 경제기획원장관), 조부영 민자당 제2사무부총장, 정재문 국회 외무통일위원장, 옥만호 민자당 의원(전 타이완 대사, 공군참모총장 역임) 등으로 구성된 고위 사절단이 9월 15일부터 17일까지 타이베이를 방문했다. 그러나 타이완은 우리가 수용하기 어려운 요구사항만을 제시하면서 냉담하고 부정적인 태도로 일관함에 따라 소기의 방문 성과는 거두지 못한 채 수모만 받고 돌아오게 되었다.[21]

1992년 10월 19일부터 21일까지 타이베이에서 타이완과 단교 이후의 관계 설정을 위한 예비 교섭이 시작되었다. 고위 사절단 방문 때 타이완의 태도가 몹시 부정적이어서 노태우 정부 임기 중에는 관계 복원이 어렵다고 보고 신정부 출범 이후에나 해야겠다는 생각이어서 교섭의 기초를 예비적 성격으로 하였다. 김태지 본부대사를 단장으로 최정일 조약국 국제법규 과장(주독일 대사 역임)과 연상모 동북아2과 서기관(주니가타 총영사 역임)이 코트라 고문과 직원 신분으로 타이완을 방문했다.[22]

타이완 도착 당일 오후부터 진수지 전 주한 대사를 단장으로 하는 타이완 대표단과 제1차 회담을 가졌고, 다음날 제2차, 3차 회담을 통해 일부 합의는 이루어져 양측 관계 설정에 있어 법적 공백상태를 해소하기 위해 기존 정부간 협정이 다른 형태로 대체될 때까지 계속 이행하는 데 원칙 합의를 보았다. 그리고 타이완에 있는 우리 교민의 권익을 보장하겠다는 다짐도 받게 되었다.

1993년 2월 25일 김영삼 신정부가 출범한 후에 타이완과 비공식 관계 설정을 위한 접촉이 재개되어 이현홍(李鉉弘) 본부대사와 타이완의 진수지 전 주한 대사를 단장으로 하는 실무대표단 교섭이 두 차례 진행되었다. 첫 번째 회담은 1993년 6월 15일과 16일 일본 후쿠오카에서, 두 번째 회담은 7월 21일부터 27일까지 일본 오사카에서 개최되었다. 난항을 거듭하다가 양측 외무차관의 회동으로 겨우 타결되었는데 골자는 다음과 같다.

---

21) 이상옥, ibis, pp.282~286
22) 이상옥, ibis, p.288

1) 비공식 관계 설정
  - 양측은 서울과 타이베이에 민간차원의 대표기구를 설치한다.
  - 대표기구 명칭은 우리는 주타이베이 한국대표부(Korean Mission In Taipei)로 하고, 타이완은 주한국 타이베이대표부(Taipei Mission In Korea)로 한다.
  ※ 대표기구 명칭은 싱가포르와 타이완 간에 합의, 설치된 기구 명칭과 같은 유형이다.

2) 대표부 기능
  - 경제협력, 통상증진, 문화교류 등 제반분야 협력 추진

3) 기존협정 대체
  - 쌍방간의 기존 재협정은 호혜원칙에 의거 상호 협의를 통해 민간기구 간의 협정으로 대체한다.
  - 대체되기 전까지는 기존 협정이 잠정적으로 효력을 유지한다.

(4) 교민보호
  - 쌍방 교민의 지위, 거주, 재산 및 권익을 계속 존중하고 보호한다.[23]

---

23) 이상옥, ibis, pp.291~292

당시 양측의 외교차관은 홍순영(洪淳英) 외무차관과 타이완의 장샤오옌 정무차장이었다. 그러나 이 합의는 먼 훗날인 1999년 3월 내가 주타이베이 대표부 대표로 보직 발령을 받고 부임할 때까지도 한·타이완 간 복항이 이루어지지 않는 등 제대로 이행되지 않았다.

내가 타이베이 부임 전 본국에 잠시 들러 당시 홍순영 외무장관에게 인사차 들렀더니 격려와 당부 말씀과 함께 "타이완 측이 이미 오래 전 단항시킨 국적기 복항을 일부러 지연시켜 가며 애를 먹이고 있는데, 이는 비공식 관계 복원 협상 때 나와 타이완 장샤오옌 외교부 차장(이미 외교부장 역임 후 여당인 국민당 비서장 재임중) 간에 있었던 조기 복항 약속을 지키지 않고 있는 것이다"라고 하였다.

제4장

중국의 경제 문화 중심지 상하이 진출

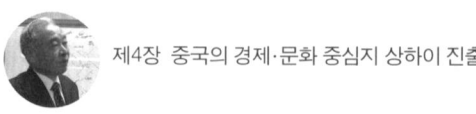 제4장 중국의 경제·문화 중심지 상하이 진출

초대 주상하이 총영사로 부임

베이징에서 본부 아주국 심의관으로 귀임한 지 1년여가 되어 가는 1993년 1월 초, 한·중 수교에 이은 대통령 방중 등 굵직한 외교 사안들이 마무리되고 김영삼 정부의 출범을 앞두고 있는 시점이었다. 그간 좋은 팀워크가 되어 일해 오던 김석우 아주국장도 해외 아니면 본국의 중요 직책으로 영전을 기대하고 있는 가운데 나 자신의 신상문제에 관심을 가져야 할 상황이었다.

일본과 중국을 관할하고 있는 외무부 아주국장이란 직책은 꽃 중의 꽃이라 할 만큼 장래를 생각한다면 넘겨다볼 중책으로 여겨지고 있었다. 나도 주일 대사관 참사관 역임에 중국과의 수교를 위해 진력해 온 경력으로 당연히 관심을 갖고 있었다. 그러나 한 가지 드러내어 말 못할 고민이 있었다. 그건 바로 건강이 잘 따라주지 않는 것이었다.

1년 전 베이징을 떠나온 것도 건강을 추슬러보기 위함이었으나 한번 잃어버린 건강은 부단한 노력에도 불구하고 쉽게 회복되지 않았다. 더군다나 아주국장 직책은 업무량이나 질적 면에서 중책에 상응한 책임과 부담이 수반되어야 한다는 것을 잘 알고 있는 터였다.

하루는 이상옥 외무장관이 부르더니 "앞으로 어떻게 할 거냐?" 하고 묻기에 "상하이 총영사관을 창설하게 되면 총영사로 보내 주세요"라고 했더니 기다렸다는 듯이 "그렇게 하라"고 하였다.

그간 나는 베이징 무역대표부에 근무하면서 상하이에 출장을 가거나 경유할 때 미세먼지와 황사로 오염이 심한 베이징보다는 상하이의 환경이 양호하고 기후도 온화한 편이어서 호흡기 질환으로 고생하던 나로서는 건강 지키기에 알맞지 않을까 생각한 적이 있다. 사실 나는 건강문제 때문에 중대한 인생행로에서 도전 대신 양보를 선택할 수밖에 없었던 점을 솔직히 고백한다.

1993년 2월초 무렵이었는데 한·중 수교 후속으로 기존 민간무역투자보장협정을 정부 간 협정으로 전환하기 위하여 중국으로부터 경제무역실무 대표단이 방한하여 외무부 회의실에서 실무회담을 하고 있는데 장관실로부터 긴급 호출 메시지가 들어왔다. 이상옥 장관이 갑자기 주중 대사관 차석 공사로 가라는 것이었다. 상하이로 마음을 굳힌 상황이라 즉석에서 베이징은 나에게 너무 고통을 준 곳이라 못 가겠으니 재고해 달라고 부탁하였다. 이 장관은 "수교 후 여건도 좋아지고 장래 신상에도 이로울 텐데 왜 안 가려 하느냐"고 역정을 냈다.

이튿날 한 직원이 찾아와 "오늘 아침 대강당에서 전 직원 조회가 있었는데 이 장관께서 요즘 직원들은 장관의 인사지침에 따르지 않고 자기 마음대로 하려는 것 같다"고 못마땅해 하는 얘기를 하더라고 전하면서 "혹 심의관님을 두고 하는 말이 아니냐"고 되물었다.

나는 내심 뜨끔했다. 이제 상하이도 가기 어렵게 되는 것 아닌가 생각되었다. 아니나 다를까 이 장관이 공관장 인사를 차일피일 미루더니 급기야 김영삼 정부 출범 이후로 넘기고 말았다.

그러던 어느 날 퇴근 후 김석우 아주국장이 저녁이나 하자면서 정부중앙청사 뒤 보신탕 전문식당으로 초대하였다. 김 국장은 나의 신상에 대해 걱정을 하면서 잘 되었으면 한다는 것이었다. 워낙 주변 인사를 잘 챙기는 분이라 본인 걱정은 안하면서 내 걱정만 하는구나 생각하였다. 나중에 알고 보니 김 국장은 이미 김영삼 대통령 당선인으로부터 청와대 의전비서관으로 내락을 받은 상태였다. 김영삼 정부 출범 후 초대 한승주 외무장관이 취임한 뒤 홍순영 차관이 공관장 인사와 관련해 부르더니 상하이 총영사로 나가면 어떻겠냐고 하기에 수락하여 상하이로 가게 되었다.

중국의 경제 중심지이자 항일 유적지가 있는 상하이

상하이는 중국 동부 양쯔 강 어귀에 있는 도시로 오늘날 세계에서 가장 번잡한 항구 중 하나이며 중국 내 문화, 상업, 금융, 산업, 통신의 중심지이다. 상하이 북쪽에는 양쯔 강이 흐르고, 남쪽으로는 항저우 만(杭州灣)과 접해 있으며, 서쪽에는 장쑤 성(江蘇省)과 저장 성(浙江省)이 위치하고 있다.

원래 어촌이었던 상하이는 삼국시대 오나라의 항구 도시였으며, 오나라 황제 손권의 형인 손책이 전투에서 이겨 이곳을 차지하였다. 손권은 이곳의 아름다운 바다 경치를 구경하기 위해 별장을 만들었는데 그 별장 위치가 와이탄(外灘) 주변에 있다.

1949년 중국공산당 통치 이후 중앙정부의 무거운 세금, 외국인 투자 중지로 쇠진했다가 1992년 덩샤오핑의 남순강화(南巡講和) 이후 우리나라 강남지역 개발처럼 푸둥지역 개발이 본격화되면서 중국 경제발전의 핵심 축이 되었다. 바로 푸둥지역 개발이 막 시작되는 시기에 내가 한국 총영사로 부임한 것이다.

상하이 총영사관은 한·중 수교 후 중국에 첫 번째로 개설된 총영사관으로, 중국의 경제 중심지일 뿐만 아니라 과거 우리나라 임시정부 유지(遺址) 등 항일 독립운동 유적지가 남아 있는 곳이라는 특별한 의미를 갖고 있다.

일본이 대한 제국을 강점하고 있을 당시 상하이는 영국, 프랑스, 독일, 미국 등의 조계(租界)가 있어서 일본의 영향력에서 벗어날 수 있었을 뿐만 아니라, 교통이 편리하고 장제스 국민당 정부의 지원도 받을 수 있는 조건을 갖추고 있었다. 이런 까닭에 독립지사들이 상하이로 몰려들었고 1919년에 대한민국 임시정부가 상하이에서 수립되었다. 임시정부 수반인 김구(金九)는 1932년 4월 29일 상하이 홍커우 공원에서 열리는 일본 천황의 생일연과 상하이 점령 전승기념 행사 때 폭탄을 투척할 계획을 세우고, 윤봉길(尹奉吉) 의사가 이를 성공적으로 수행하여 세상을 깜짝 놀라게 하였다.

국산차를 공관장 차량으로 처음 사용하다

상하이 총영사 발령을 받고 출국을 기다리고 있는데 당시 김경철 기획관리실장이 보자고 하였다. 김영삼 정부 출범 후 처음 실시하는 청와대 연두 업무보고 때 공관장 차량 국산차 계획을 포함하고자 한다며 나에게 외무부를 위해 좋은 일을 하라는 것이었다. 다름 아니라 공관 창설 비용으로 벤츠 350 구입비 약 미화 6만 달러는 이미 송금되었으나 국산 차량으로 대체 구입하는 방안을 한번 생각해 보라는 것이었다.

하루 정도 시간을 달라고 하여 생각해 보니 막상 처음 나가는 공관장으로서 외제 전용차량에 대한 꿈을 버리기는 아쉬웠으나 모처럼 외교부에 좋은 일 하라는 부탁을 저버릴 수 없었다. 다음날 김경철 기획관리실장에게 가서 국산차 구입에 동의한다고 하니 잘 생각했다며 무척 반가워했다. 다만, 조건으로 이미 송금한 차량대금 중 국산차를 구입하고 남은 차액은 국산 중형버스 구입에 전용해서 사용할 수 있도록 허용해 달라고 하였더니 김 실장은 쾌히 승낙하였다.

상하이에서 벤츠 대신 현대 '그랜저'를 도입 사용하면서 홍보도 잘 됐고, 추가로 구입한 중형버스로 빈번한 내방객을 위해 요긴하게 사용할 수 있었다. 그런데 약 한 달 후 베이징에서 황병태 대사가 특파원들을 초청하여 현대 정주영 회장으로부터 기증받은 그랜저 승용차 시승식을 거행하면서 자신이 처음으로 국산차를 공관장 전용차로 사용하게 되었다고 대대적으로 홍보하는 것을 보았다.

총영사관 공관 부지 마련

1993년 2월 중순 주상하이 총영사관 창설 선발대로 타이완과 단교시 현지에서 수모를 겪으면서도 성실하게 마무리를 하고 돌아온 조희용 영사(주캐나다 대사 재임)와 보조영사 1명이 상하이에 부임하여 공관 사무실, 관저 등 공관 창설에 필요한 준비를 열심히 진행하고 있었다. 나는 4월 24일 상하이에 도착하였다.

홍차오(虹橋) 지역 상하이 국제무역센터 4층 절반을 임차, 공관 사무실과 영사 민원실로 하고, 관저는 홍차오 국제공항 부근 외국인 아파트를 임차하였다. 공교롭게도 내가 베이징에서 무역대표부 사무실을 중국 국제무역센터 4층으로 임차한 것과 너무 흡사하여 단순히 우연이라고 할 수는 없는 정도였다.

1993년 7월 14일에야 사무실 내부공사가 완료되어 정식으로 개관식을 가졌다. 이와 같이 임차한 사무실은 임시적인 조치에 불과하므로 영구적인 공관 건물 확보가 필요하다고 판단하여 상하이 시가 지정한 영사지구 내 토지 6,600m² 매입을 추진하였다. 상하이 시와 교섭하는 것과 같은 시기에 중국도 부산 주재 총영사관 부지를 마련하기 위해 부산시와 교섭중이라 하여 상호 연계하여 좋은 조건으로 처리하기로 하였다. 그런데 상하이 시가 우리에게 제시한 가격은 예상을 훨씬 뛰어넘는 고가였는데 중국이 부산시에 제시한 가격은 터무니없이 싼 것이었다.

중국은 베이징에서 한국대사관을 상대로, 우리는 상하이 시 정부를 상대로 별개의 창구로 교섭하다 보니 문제가 생긴 것이다. 중국이 한국대사관에 얘기해서 싸게 달라고 조르니 황병태 주중 대사가 나에게 전화로 "왜 서로 연계시키는가. 중국 측 요구를 들어주고 우리 것은 나중에 따로 처리하면 되지 않느냐"며 역정을 냈다. 그리하여 나는 "상하이 총영사관 부지 구입 문제는 공관장인 나의 권한 사항이니 맡겨 달라"며 강력히 맞섰다.

상하이 주재 상사원 자녀에 대한 국적 있는 교육을 위해 주말 한글

학교를 개교하기로 했다. 공관 내 교실을 마련하여 8월 7일 21명의 아동에게 첫 수업을 실시하였다. 상사원들이 공통으로 겪고 있던 자녀교육 문제를 다소나마 해결해 줄 수 있어 다행스러웠다.

교사는 교원자격을 갖고 국내에서 교사 경험이 있는 상사 주재원 부인 중 지원하는 사람을 선발하였고, 계속 교사 근무 경력으로 인정해 주었기 때문에 참여자가 많았다.

상하이 시 주요 지도자와 교분 심화

어느 정도 상하이 생활이 안정되어 감에 따라 상하이 시 외사판공실 쉬자오춘(徐兆春) 주임, 사린(沙林) 외사담당 부시장을 예방하고 부임 전부터 익히 들어오던 친한 인사 왕다오한(汪道涵) 전 상하이 시장(시장고문)도 예방하였다.

왕 고문은 장쩌민 총서기의 멘토로서 예우와 존경을 받고 있던 인물이었다. 그는 나의 부임이 덩샤오핑의 이른바 남순강화 이후 상하이의 발전이 예견되는 시점에 이루어진 데 대하여 각별한 의미를 부여하며 친근감을 보였다. 그는 특히 나의 이름 가운데 해중(海重)은 '상하이가 매우 중요하다(上海很重要)'는 뜻이라고 풀이하기까지 하였다. 나는 가끔 예방도 하고 중요 행사장에서 조우하였는데 항상 원로다운 풍모를 견지하는 가운데 친근하게 대해 주었다. 또 하나 감명을 받은 것은, 현직 상하이 시장을 포함한 고위층 인사들이 전직 시장이나 당서기에 대해서 공식 행사에 상위 좌석을 양보하고 자신들은 하위 좌석에 앉는 등 철저하게 전관우대 문화를 지키는 것이었다.

부임하고 나서 1개월이 지날 무렵 쉬자오춘 상하이 시 외사판공실 주임이 면담을 요청했다. 쉬쾅디(徐匡迪) 부시장(개발기획 담당)이 서울특별시 개발현황을 시찰하기 위해 방한하려고 하니 주선을 해 달라는 것이었다.

방한 출발 전날인 7월 15일 저녁 쉬 부시장 일행을 만찬에 초대하여 사전 브리핑을 하면서 상하이 도시개발에 대한 나의 인상과 개선방안에 대한 의견을 설명하였다. 나는 상하이의 도시 인프라가 전반적으로 미비한 가운데 교통 수요는 폭증하는 추세임을 감안하여 도로망 정비와 확장에 박차를 가할 것을 권했다. 협소한 도로 때문에 차량이 한길로 교대로 겹쳐 오가는 식이었다. 당시 상하이 교통난이 너무 심각하여 중앙정부는 거의 손을 놓은 상태였다.

나는 서울과 싱가포르에서 얻은 경험을 토대로 앞으로 상하이에서 차량이 늘어나면 더 큰 어려움이 닥칠 것임을 예고했다. 그리고 서울시가 일찍이 무리해 가며 도로 확장과 건설에 힘쓴 덕분에 경비를 크게 절감할 수 있었으며, 상하이가 지금 어렵다고 도로 건설을 지연시키면 나중에는 공사비가 폭등하여 감당하기 어려울 것이니 가급적 조기 착공을 하는 것이 유리하다고 설명했다. 쉬 부시장은 나의 의견을 수긍하며 좋은 지적과 조언에 고마움을 표했다.

쉬 부시장은 일주일 간의 방한을 마치고 매우 만족스럽게 돌아와 8월 21일 총영사관 직원과 우리 상사 대표를 만찬에 초청하는 등 유대감을 표시하였다. 그리고 1년 후에 만났을 때도 "그때 방한 시찰이 매우 유익했으며 나의 충고가 아주 적절했다"며 고마워했다. 또 "당시 상하이 시의회(上海人大)는 시정부의 도로 확장공사 착공을 반대하며 지연시키려 했는데 윤 총영사 얘기를 듣고 강행했더니 결과가 아주 좋았다"고 말했다.

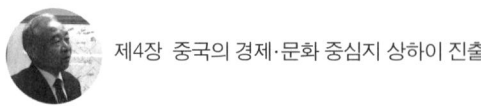 제4장 중국의 경제·문화 중심지 상하이 진출

국제금융도시 상하이의 비상

 1992년 1월 덩샤오핑은 1978년 11월 당11기 3차 중앙위 전체회의 이후 추진해 온 개혁개방정책이 톈안먼 사건로 퇴조 기미를 보이자 선전(深圳) 경제특구가 있는 광둥 성과 상하이 등 남부 연안 주요 도시를 순방하며 개혁개방의 필요성을 역설하고 나섰다. 이것이 바로 유명한 남순강화이다.

 상하이는 약 5,000km의 양쯔 강 최동단 어귀에서 난징(南京)과 저장 성 수도 항저우(杭州)를 마치 룽터우(龍頭), 즉 용의 머리와 같은 역할을 하고 있으면서 지리적이나 전략적으로 아주 중요한 위치에 있었다.

 덩샤오핑이나 저우언라이는 문혁 4인방 시대의 상하이를 떠올리면서 인식이 별로 좋지 않았다. 하지만 1989년 6월 4일 톈안먼 사건 발생은 덩샤오핑의 상하이에 대한 인식을 크게 역전시키는 계기

김우중 대우그룹 회장의 상하이 시 재개발사업 투자계약 조인식. 필자(뒷줄 가운데)와 환담을 나누는 사람은 천량위 상하이 시 당위원회 부서기로, 훗날 당서기에 올랐으나 독직사건에 연루돼 퇴진했다.

상하이 총영사 시절 김우중 회장이 상하이 시 재개발사업 투자계약을 체결한 뒤 축하연을 열었다.

가 되었다. 베이징을 비롯한 중국 각지가 혼란에 빠지고 있는 가운데 장쩌민 시장이 이끄는 상하이만은 흔들리지 않은 덕분에 중국이 건재할 수 있었으며, 상하이가 경제적인 저력을 가지고 동남아와 타이완 등 화교 자본을 유치하는 데 성공함으로써 서방에 의한 대중국 고립과 경제제재를 무난히 극복할 수 있었다.

6·4 톈안먼 사건 후 상하이 시장 겸 시당위원회 서기였던 장쩌민은 시위 진압을 잘해 덩샤오핑 등 중앙 원로들로부터 높은 점수를 받게 되었고, 당 중앙 총서기로 발탁됨으로써 중국 내는 물론 세계를 깜짝 놀라게 하였다. 장쩌민에 이어 우방궈(吳邦國), 쩡칭훙(曾慶紅), 멍젠주(孟建柱), 화젠민(華建民), 황쥐(黃菊), 쉬쾅디(徐匡迪) 등 상하이 인맥들이 중앙 거물로 발탁되어 승승장구함으로써 상하이가 중국 제3세대 지도부의 산실이 된 셈이다.

한·중 수교 성명 발표 후 귀국 도중 기착한 상하이 훙차오 공항 귀빈실에서 만났던 자오치정 외사담당 부시장은 푸둥개발위원회 주임으로 전보되어 동분서주하고 있었다. 자오 주임은 "윤 총영사 당신은 상하이에 정말 시의적절하게 잘 왔다"며 당시 상하이의 중장기 개발계획에 대하여 상세히 설명해 주었다. 연안 해역이 알파벳 대문자 T의 상변이고 하변이 양쯔 강인데 양쯔 강 하류에 있는 용머리(龍頭)인 상하이를 끌어올리면 중국 전체가 따라 발전한다는 것이었다.

당시 상하이인들은 "上海的 發展 起步慢 速度快"라는 표현으로 상하이의 발전이 비교적 늦게 시작되었지만 발전 속도는 매우 빠를 것임을 예고하고 있었다.

루자쭈이 금융무역지구에서 하늘을 찌를 듯 치솟아 있는 세계금융센터와 진마오빌딩. 자오치정 주임은 서울에서 나눈 재회의 기쁨에 대해 "1995년 푸둥개발지구의 최고층 건물인 진마오빌딩 건축 시 포스코의 강관을 쓰기로 한 것은 대사의 도움이 결정적이었다. 포스코가 푸둥에 중국센터를 건설한 것은 탁월한 결정이었는데 2010년 매각돼 참 애석한 일이다"라고 회고했다.

포스코의 상하이 진출 및 투자 지원

상하이에 우리 기업의 진출이 활발한 가운데 포스코의 활약은 더욱 괄목할 만하였다. 포스코는 푸둥지구 중심지 루자쭈이(陸家嘴)에 건립된 당시 최고층 건물이었던 진마오빌딩(金茂大廈)의 지하 기반공사에 쓰이는 철제빔 공급 1차 입찰에 성공, 수주를 받았으나 2차 입찰에서는 신일본제철이 경쟁자로 등장하는 등 어려움에 직면한 적이 있었다.

나는 정길수 포스코 상하이 지사장(현 중국 본부장)의 지원 요청을 받고 푸둥개발위원회 자오 주임과 접촉하여 포스코 제품을 계속 사용하게 해 달라고 부탁하였다. 또한 포스코가 중국 내 포스코센터를 베이징 또는 상하이 어디에 둘 것인가 물색하는 과정에 있었는데, 박태준 회장의 뒤를 이은 황경로 회장이 상하이를 방문했을 때 정길수 지사장과 보조를 맞추어 상하이 푸둥 개발계획과 중국의 발전 전망에 관해 설명하고, 점점 높아져 가는 상하이 푸둥지역의 위상에 비추어 포스코센터를 이곳에 설치하는 것이 바람직하다는 의견을 적극 개진했다. 그 결과 푸둥지역에 포스코 중국센터가 설립되는 데 기여하였다.

상하이 포스코센터는 포스코의 중국 사업에 중심적 역할을 한 후 2008년 리먼브러더스 경제 위기 때 많은 투자이익을 남기고 매각되었다 한다. 이 소식을 전해들은 나의 마음은 너무 허전하고 섭섭함을 금할 수 없었다. 세계 강국으로 부상해 가는 중국의 경제금융 중심지인 상하이 푸둥지역에 우리 포스코센터가 위용을 지키고 있다면 얼마나 보기 좋을까 하는 상상마저 해 본다.

최근 국제교류재단 초청으로 '중국의 공공외교와 문화 간 교류'라는 주제의 강연회에 참석한 자오치정 중국인민정치협상회의 외사위원회 주임과 만났을 때도 포스코센터 매각에 깊은 아쉬움을 표했다.

상하이는 지속적인 발전을 이루며 국제적인 금융대도시가 되었다. 특히 2010년 상하이 엑스포를 성공적으로 치른 뒤 이를 새로운 도약의 계기로 삼고 있다. 상하이 정부는 양쯔 강 삼각주 주요 도시들을 고속철도로 연결하여 '상하이 중심 1시간대 생활권'으로 묶는 계획을 갖고 있다. 양쯔 강 삼각주에 속해 있는 상하이 시와 장쑤 성 8개 도시 및 저장 성 6개 도시 등 15개 도시들이 1시간대 생활권으로 연결될 경우 역내 인적·물적 교류가 활발해지면서 지역 경제발전이 한층 가속화될 전망이다.

중국 공공외교 연구의 선구자로 꼽히는 자오치정 주임은 2012년 7월 5일 서울 롯데호텔에서 열린 한국국제교류재단 주관의 KF포럼에서 '중국의 공공외교와 문화 간 교류(公共外交與跨文化交流)'를 주제로 특강을 했다. 자오 주임은 출판기념회 후 친필 사인한 책 『중국은 세계와 어떻게 소통하는가(中國如何與世界溝通-全球化時代中國的公共外交)』를 선물했다.

제4장 중국의 경제·문화 중심지 상하이 진출 | 157

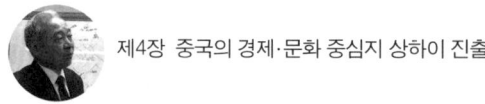
제4장 중국의 경제·문화 중심지 상하이 진출

상하이 임정요인의 유해 봉환과 독립 유적 보존관리

　상하이 임시정부 청사는 총영사관이 개설되기 이전인 1992년 9월 노태우 대통령이 중국을 방문했을 때 상하이를 시찰하면서 주중대사관 중심으로 상하이 정부 당국과 협의, 청사 복원 정비가 어느 정도 이루어진 상태였다.

　나는 임정 청사 소재지이자 관할구인 루완 구(盧灣區) 한정(韓正) 구청장(현재 상하이 시장)과 자주 만나 임정 청사의 보존관리 운영 등 제반문제를 논의하였다. 주변 상하이 시 도시개발계획에 맞춰 보존시설 설치 등 방안도 검토하였으나 쉽게 해결할 수 있는 문제는 아니어서 중장기 해결과제로 남겨두었다.

　한정 상하이 시장은 당시 최연소 구청장으로서 장쩌민 등 중국 제3세대 지도부의 막내로서 일찍이 중앙정치 무대 진출이 점쳐지는 등 장래가 촉망되는 인물이었다. 또한 궁칭퇀(共靑團) 출신 배경도 갖고 있었다. 4~5년 전 부패 연루로 추락한 천량위(陳良宇) 전 상하이 시 당서기 아래서 수석 부서기였기 때문에 함께 퇴진하는 것이 아닌가 우려되었지만, 상하이 시장으로 건재할 수 있었던 것은 후진타오 총서기와 궁칭퇀 인맥이 작용한 것이 아닌가 생각된다.

1993년 5월 첸치천 중국 부총리 겸 외교부장이 방한하여 김영삼 대통령을 예방하고 오찬을 함께 하였다. 이 자리에서 김 대통령은 상하이 임시정부의 정무원 총리 이상을 지낸 애국지사 박은식, 노백린, 김인전, 신규식, 안태국 등 5인의 유해를 8·15 광복절 이전에 고국으로 봉환하는 데 협조해 줄 것을 요청했고 첸 부총리가 즉석 동의하였다. 창설된 지 얼마 안 된 우리 총영사관으로서는 사안의 중요성에 비추어 조희용 영사를 실무책임자로 직원 8명이 총동원되어 1일 점검에 들어갔다.

5인 유해는 중국 공산화 이전에는 완궈(萬國) 공원묘지에 가매장되어 있다가 쑹칭링(宋慶齡) 공원으로 이장되어 있었다. 총영사관 소재지와 가까이 있어 일하기에 비교적 편리하였다. 상하이 시 외사판공실의 적극적인 협조가 있어 어려움은 없었으나 유가족과 합의해 유해 발굴 현장에서 신원 확인, 화장 절차 등 긴급히 처리할 문제가 많았다.

그리고 당시 상하이에는 화장시설이 열악하여 현장 점검차 다녀온 조희용 영사는 여기저기 널려진 시신을 보고, 망자에 대한 최소한의 예우마저 아랑곳하지 않고 함부로 다루는 중국인 종사자들의 모습에 너무 심한 충격을 받은 나머지 며칠간 식사를 못할 정도였다고 고백한 적이 있다.

김영삼 대통령(앞줄 가운데)의 상하이 훙커우 공원 방문 모습.
앞줄 왼쪽에 고 이강훈 광복회장, 뒷편에 필자 얼굴이 보인다.

　모든 수속과 절차가 마무리되어 1993년 8월 5일 애국지사 5인의 유해가 광복 48년 만에 대한항공 특별기편으로 고국의 품에 돌아오게 되었다. 현지에는 5인 애국지사 중 최고위직이었던 고 박은식 옹의 손자 박유철 건교부 부이사관을 비롯한 유가족 대표와 민자당 박찬종, 손학규, 강삼재 의원 등 정치인 다수와 많은 인사들이 봉환식에 참석하였다. 유족대표 박유철 건교부 부이사관은 귀국 후 장관급인 국가보훈처장까지 승진하고 독립기념관장, 광복회장을 역임하는 등 독립유공자 후손으로서 후광을 톡톡히 받았다.
　상하이에 있는 대한독립을 상징하는 기념물로서 임시정부 청사 이외에 매헌(梅軒) 윤봉길 의사의 호를 따서 지은 정자 매정(梅亭)이

윤 의사 의거 현장인 루쉰(魯迅) 공원에 건립되어 있다.

　애국지사 5인 유해가 고국으로 봉환된 이후 윤봉길 의사의 실제인 윤남의(尹南儀) 옹 등 유가족과 윤봉길기념사업회 관계자들이 상하이를 방문, 루쉰 공원을 관리하고 있는 훙커우 구(虹口區) 인민정부측과 기념물 건립 문제를 협의하였다. 윤남의 옹은 초대 총영사인 내가 파평 윤씨 종친임을 확인하고 우연이 아니라면서 윤 의사의 기념물이 보다 훌륭한 모습으로 건립될 수 있도록 적극 협력해 달라는 것이었다.

　평소 집안 어른들로부터 윤봉길 의사의 살신구국 정신을 본받아 훌륭한 사람이 되어야 한다는 가르침 속에 자라온 나였기에 사명감과 열정으로 윤남의 옹의 요망에 적극 부응하려고 애썼다.

　상하이 시 외사판공실장, 왕다오한(汪道涵) 시장 고문 등 친한 인맥과 접촉하여 기념물 건립에 협조를 요청했다. 그들은 호의적인 반응을 보이면서도 신중한 태도를 취했다.

북한을 의식하여 '매헌정'을 '매정'으로

　우리는 윤봉길 의사 동상과 비석을 함께 건립했으면 했는데 중국 외교부 등 중앙과 협의하는 과정에서 항일 독립운동은 남한만의 전유물이 아니고 북한의 반응도 고려해야 한다는 이유를 들어 너무 노출되는 기념물을 설치하는 것은 바람직하지 않다고 하였다. 상하이 시 또한 외국인의 동상은 세울 수 없는 것이 중국의 관례라면서 반대 입장을 분명히 하였다.

　한참을 기다리는 사이, 상하이 시 당국은 자체 경비를 들여 공원

내 조용한 곳에 기념 정자를 건립하는 쪽으로 방침을 정하고 이미 정자 건립에 착수하고 있었다. 문제는 정자 처마에 걸 현판인데, 중국 측은 윤 의사의 호 매헌(梅軒) 대신 매(梅)와 정자의 약자인 정(亭)만을 취하여 매정(梅亭)으로 하겠다는 것이다. 수교 후까지도 북한 눈치를 많이 보는 것 같았다.

결국 양보하여 매정(梅亭)으로 확정되었는데 상하이 방문 중 시간 여유가 있을 때는 루쉰 공원을 찾아 산책하면서 매화나무숲으로 둘러싸인 매정을 바라보며 지난 시절의 감회에 젖어 보곤 한다.

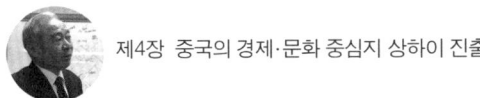 제4장 중국의 경제·문화 중심지 상하이 진출

김영삼 대통령 등
여야 정치 실세들의 잇단 방문

1994년 3월 26일 김영삼 대통령이 일본을 방문한 후 상하이에 도착하여 1박 한 뒤 베이징으로 출발하였다. 중국의 수도 베이징을 먼저 방문하고 지방 시찰의 일환으로 상하이를 방문하는 것이 관례인 점에 비추어 다소 이례적이었다. 도착 당일이 주말이라 상하이에서 피로도 풀 겸 대통령이 원하여 그렇게 일정을 조정한 것이라 하였다.

부임한 지 1년 남짓 지난 시점에서 국가원수 방문 행사를 치른다는 것은 예사로운 일이 아니었다. 하지만 힘은 들지라도 보람 있는 일이라고 생각하였다.

대통령 특별기가 도쿄로부터 상하이 훙차오 국제공항에 도착할 때 베이징에 있는 황병태 주중 대사가 상하이까지 내려와 직접 대통령

이만섭 국회의장이 이끄는 한국 국회 대표단이 상하이를 방문해
상하이 시 인민대표대회 주임을 만나 환담하는 모습. 필자는 왼쪽 끝.

을 기내 영접하였으며 나는 트랩 아래서 대통령을 맞이해야 하였다.

대통령의 상하이 1박 여정을 느슨하게 잡으라는 사전 지시에 맞추어 주로 임시정부 청사와 윤봉길 의사 기념정 참관, 푸둥지역 시찰 등으로 차질 없이 성공적으로 마쳤다. 대통령 방문이 있은 후 이만섭 국회의장, 이홍구 국무총리 등 3부 요인은 물론 여야 의원들의 상하이 방문이 줄을 이었으며 모두 급속한 상하이 발전상에 깊은 감명을 받는 모습이었다.

총영사 부임 전 공관장 차량의 국산화 계획에 협조한 대가로 구입한 중형버스가 교통체증이 극심했던 상하이 시가지를 이동할 때 승용차 여러 대에 분산 이동하는 것보다 매우 신속하고 능률적이었다.

지금 돌이켜 생각해 봐도 현명한 판단이었다. 때로는 일부 야당 국회의원 중 고급승용차가 아닌 버스로 모신다고 불평을 늘어놓는 분도 있었지만 대다수 의원들이 이해하며 격려해 주었다.

김명윤 민주평통 부회장 방문

이런 가운데 김명윤 민주평통 부회장이 인솔하는 방문단이 상하이를 방문하였다. 당시 상하이 부시장 11명 중 유일한 여성인 셰리쥔(謝麗君) 보건의료담당 부시장이 일행을 위해 주최한 만찬에 참석했다. 화제가 자연스럽게 한국과 중국의 여성 지위문제로 발전되었는데 셰 부시장은 중국 특히 상하이 남편들의 아내에 대한 희생과 봉사 자세를 찬양하면서 한국 남편들은 이를 본받아야 할 것이라고 강변하였다.

셰 부시장은 더 나아가 상하이 시는 매년 모범 남편을 선발하여 표창한다고 자랑하기까지 하였다. 셰 부시장의 강변에 맞서 대응할 우리 측 인사는 없어 보였다. 조용히 침묵만 지속되기에 나는 우리나라 남녀평등의 실상을 평소 느낀 대로 설명하였다. 외양상 보기에 한국 여성이 차별받고 있는 것 같으나 실은 그렇지 않으며, 실례로 가정주부가 갖는 경제권은 중국 여성보다 더 우월하고, 한국 남편은 월급봉투를 아내에게 송두리째 전해 주는 경우가 허다하나 중국 남편이 과연 아내에게 그렇게 하는지 반문하였다.

그리고 중국 남편들이 가정에서 하는 부엌 요리, 청소 등 일상적인 모습만 보고 여성의 지위를 판단하는 것은 무리라고 지적하였다. 그러자 셰 부시장은 즉석에서 반론을 제기하지 못하였다.

그 후 김명윤 부회장 일행 중 홍콩에서 총영사로 잠시 모셨던 정민길 대우그룹 사장(작고)으로부터 김명윤 부회장이 나에게 안부와 함께 고마움을 전해 달라는 부탁이 있었다고 연락해 왔다. 김 부회장은 내가 기세등등한 상하이 여성 부시장을 상대로 한국 남성의 체면을 세워 준 것으로 생각했던 모양이다.

DJ의 상하이 방문

김영삼 대통령이 다녀간 지 6개월쯤 되었을까 국회 외무위원회 소속 야당 남궁진 의원으로부터 국제전화가 걸려왔다. 남궁 의원은 김대중 선생이 상하이와 베이징을 방문할 예정인데 상하이 체류 때 도와 달라는 것이었다. DJ는 대통령선거에 세 번 출마했다가 낙선한 뒤 정계 은퇴를 선언하고 영국 옥스퍼드대학에서 수개월간 연수하다 귀국한 직후였다.

당시 국내 정치 구도상 김영삼 대통령과 교감 없이 방중을 단독으로 진행하는 듯하였다. 나는 즉각 본부에 사실 보고와 함께 "DJ가 우리나라 정계 원로임을 감안할 때 상하이 현지에서 도움을 청해 오면 적절히 편의를 제공하는 것이 좋겠다"는 의견을 제시하였다. 본부에서는 "귀직의 판단 하에 적절히 대응하라"는 간단한 회답이 왔다.

며칠 후 DJ 부부와 통역, 한화갑, 이해찬, 남궁진 의원, 정동채 비서 등 측근 다수와 함께 베이징발 항공기편으로 도착하였다. 베이징 인민외교학회 관계 간부 1명이 수행해 왔고 상하이 시 인민대회 의장 초청 형식을 취하고 있었다.

나로서는 본부에 이미 보고한 대로 도움이 필요한 경우 협조하는 선에서 대응하였다. 상하이 국제문제연구소 전문가들과 국제정세 및 중국의 대한반도 정책 등에 관한 세미나에 이어 상하이 푸단(復旦)대학 연설 일정 등을 소화하였다.

DJ의 정치 재개설이 신문에 간간히 보도되는 정도였지만 그의 일거수일투족을 비추어 볼 때 곧 정치 재개를 할 듯한 예감이 들었다. 늦여름 밤 산보 겸 야경이나 구경 가자고 하기에 단둘이서 중심가 숙소인 신진장(新錦江) 호텔 주위를 한 바퀴 산책하였다. 그런데 갑자기 얼마 전 외무부 차관을 하다가 주독 대사로 나간 홍순영 전 장관을 거명하면서 어떻게 생각하느냐고 물었다.

나는 홍순영 전 장관이 차관 시절 첫 순환보직 인사에서 주상하이 총영사로 발령된 인연을 갖고 있을 뿐 아니라 평소 과장, 국장 시절 때 매우 개성 있고 소신이 강한 선배 외교관으로 비교적 좋은 이미지를 갖고 있던 터였다. 망설임 없이 홍 전 장관에 대한 나의 생각을 말하였더니 DJ는 "그 사람 참 맘에 들더라" 하고 말했다. 그 후 DJ 대통령 취임과 동시에 홍순영 장관이 발탁되는 것을 보고 세상만사는 자신이 알거나 모르거나 진행되는 데 화합하여 선을 이룬다는 사실은 변함없는 진리인 듯싶었다.

DJ 일행은 상하이 방문을 마치고 공항에서 비행기 이륙 직전 나에게 그간 수고해 주어 고맙고 공관 직원들과 회식이라도 하라면서 격려금이 들어 있는 봉투를 건넸다. 귀국 후에도 한동안 인편을 통해 안부를 전해 오기도 하였다.

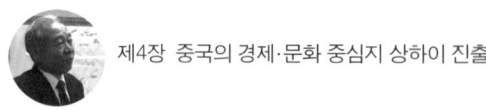
제4장 중국의 경제·문화 중심지 상하이 진출

장쑤 성, 저장 성, 안후이 성 방문

　상하이 총영사관이 관할하는 지역은 상하이 직할시와 인근 장쑤 성(江蘇省), 저장 성(浙江省), 안후이 성(安徽省) 등으로 광범위하다. 이곳은 상하이를 중심으로 한 양쯔 강 어귀 삼각지와 직간접으로 연계되어 경제·문화적으로 핵심 역할을 하는 지역이다. 각 성의 인구나 면적도 남북한을 합친 것보다 많다.

　앞에서 말한 바와 같이 덩샤오핑의 남순강화가 있기까지는 비교적 낙후되었으나 그 후부터 급속히 개발되기 시작하여 내가 1993년 4월 부임할 무렵에는 최고조에 달해 있었다. 특히 장쑤 성과 저장 성의 외국 투자 유치 열기는 상하이 푸둥과 함께 괄목할 만했다. 심지어 우리는 사양화시키고 있던 신발류, 봉제업 등 노동집약적 산업마저 유치하는 등 투자라면 다다익선이라는 자세였다.

한국 기업 유치 열기

한번은 장쑤 성 장인(江陰) 시 초청으로 우리 투자기업 시찰을 갔는데, 나의 방문을 앞두고 도로를 신규 건설하고 포장하는 것을 목격했다. '윤해중 대한민국 주상하이 총영사의 방문을 열렬히 환영한다'는 대규모 현수막까지 게양하는 등 대단한 환영 열기를 보였다. 성급, 시급 단위 기관장 명의 초청이 무수히 이어져 3년 임기 중 한 번도 귀국을 하지 못할 정도로 바쁜 일정을 보냈다.

저장 성과 장쑤 성에 대한 우리 중소기업의 진출 열기 또한 상당히 고조되어 있었다. 다만 안후이 성은 연안이 없는 내륙이라 해상교통이 불편하여 우리 기업의 진출이 여의치 않았다.

하지만 안후이 성은 후진타오 총서기, 우방궈 전인대 위원장, 리커창(李克强) 상무부총리 등의 출신지로 현재 중국을 이끄는 제4세대 지도부의 산실로서 막강한 위력을 발휘하고 있다.

또한 6·4 톈안먼 사건 직전 허페이(合肥) 과학기술대학 팡리즈(方勵之) 부학장이 반정부 시위를 전국 규모로 확대 주도함으로써 전 세계인의 주목을 받은 기억이 아직도 역력하다.

놀랄만한 과학기술

총영사 부임 후 안후이 성을 방문해 성장 예방 및 시찰 외에 허페이 과학기술대학 방문도 일정에 포함되어 있었다. 처음에는 성 정부 외사판공실이 왜 주선을 했는지 다소 의아했는데, 가 보니 부설 과학기술 실험실 내에 지금 보아도 첨단 과학기술이라 할 수 있는 전자가속장치가 설치되어 있지 않은가.

전문기술자의 말에 의하면 중국이 이 분야 연구에 앞서 나가고 있어 세계 각국으로부터 견학을 오고 있으며 얼마 전 한국의 포항공대 연구팀이 다녀갔다고 했다.

상하이에 귀임하여 포항공대에 알아보았더니 포항공대 연구실보다 훨씬 앞선 수준이라고 높이 평가하는 것을 보고 중국의 과학기술 연구 수준을 재인식하게 되었다.

이어서 시 외곽 지역 넓은 호수 가운데 섬에 있는 중국과학원 안후이 분원에 안내되었다. 호수 안이라 다리로 연결되어 통과하는데 검문관이 두세 차례 차량 내부를 샅샅이 보안 체크한 후에 들여보냈다. 들어가서도 차량에서 내리지 않은 채 구내를 저속 순회하는 것으로 마쳤다.

이 연구소는 중국과학원 직속으로 연구원과 가족이 함께 거주하며 외부와 단절 상태에서 민감한 과학기술분야 연구에 전념할 수 있게 마련되었다는 것이다. 아마도 핵미사일과 첨단 항공우주분야 연구가 진행되고 있지 않았는가 추측된다. 이것이 오늘 세계인의 주목을 받고 있는 중국의 부상을 가능케 한 원동력이 된 게 아닌가 생각한다.

얼마 후 나는 장쑤 성 정부 소재지 난징(南京)을 방문하였다. 현재 상하이-난징 간은 후링(滬陵) 고속도로가 잘 정비되어 있어 2시간 정도면 주파할 수 있다. 하지만 당시는 일반국도 수준에 6~7시간 이상 소요되는 거리라 주로 항공편을 이용하였다.

열악한 교통환경

1988년 민간경제사절단이 랴오닝 성을 방문했을 때 리창춘 성장 밑에서 경제무역위원회 주임이던 정스린(鄭士林) 성장과 재회의 기쁨을 나눈 후, 저장 성을 방문하기 위해 항저우행 비행기를 타러 공항에 나갔다가 깜짝 놀랄 일이 발생했다.

출국수속을 마치고 나갔는데 활주로에 비행기가 보이지 않았다. 수행한 이기범 영사도 몹시 당황스러워 했다. 알고 보니 일반 여객기인 줄 알았는데 승객수가 항상 부족하여 군용기를 개조한 소형 비행기로 취항시킨다는 것이었다. 예약할 때 이런 사실을 전혀 몰랐다는 것이다.

난징-항저우 간은 차량편 이동시 일반국도와 비포장도로를 번갈아 달려야 하는 등 극히 열악하여 언제 도착할지 기약하기 어려운 상황이라 다른 선택 여지가 없다. 할 수 없이 라이트 형제가 갓 발명한 것 같은 수준의 비행기에 올랐다.

들어가 보니 군용 비행기를 용접해 개조한 흔적이 역력했다. 이륙하는데 프로펠러 소음은 물론 비행기 몸체 용접 부분이 서로 맞부딪쳐 나는 삐걱 소리는 고막이 터질 정도로 진동했다. 여승무원은 공군 제복에 계급장 같은 것이 부착된 옷을 입고 있었다.

일단 이륙에 성공, 항저우로 날아가는데 저공비행이라 바닥 용접 부분 틈 사이로 산과 마을을 지나는 광경이 육안으로 뚜렷하게 목격되었다. 50여분 지나 항저우 공항에 무사히 착륙하니 이제 살았구나 하고 안도의 한숨이 저절로 나왔다.

양저우에서 받은 국빈대우

장쑤 성 양저우(揚州)는 당나라 최대 무역도시였으며 신라의 대학자 최치원 선생이 벼슬을 한 곳이다. 또한 장쩌민 전 국가주석의 고향이기도 하다. 이탈리아의 모험가 마르코 폴로는 그의 여행기에서 'Wonder Land'라며 양저우의 매력을 칭송했다고 한다. 청나라 강희(康熙) 황제와 건륭(乾隆) 황제가 각각 세 차례씩 순시했다는 이곳은 상하이에서 양쯔 강을 거슬러 300km 연안에 위치해 있으며 서우시 호(瘦西湖) 등 관광 유적지가 많다.

7세기의 수(隋)나라 시대부터 그 화려한 역사가 시작된 양저우는 양제(煬帝)가 베이징에서부터 저장 성 항저우까지 징항(京杭) 운하를 건설하며 남북 교류를 촉진하였다. 그때만 해도 상하이는 보잘것없는 어촌에 불과하였다. 상하이의 역사는 지금으로부터 200여 년 전부터 시작된 것이다.

1989년 11월 북한 김일성이 중국을 방문했을 때 덩샤오핑은 자신이 발탁한 장쩌민 당총서기를 김일성에게 소개하고 상호 친밀한 관계를 갖도록 하기 위해 장쩌민 주석으로 하여금 친히 김일성을 고향인 양저우까지 안내하게 한 것은 이미 널리 알려진 사실이다.

나는 1995년 가을 양저우 시장의 초청을 받고 이기범 영사와 함께 2박4일 일정으로 양저우 시를 방문하였다. 최신형 캐딜락 차량이 제공되고 시정부 영빈관 내 김일성이 투숙했던 바로 그 방에 머물며 김일성이 승선했던 VIP 특별 유람선으로 서우시 호를 관광하는 등 김일성에게 제공된 것과 같은 수준의 환대를 받았다.

영빈관 숙소 건물은 물론 침실 내부에도 골동품 가구와 침대 등 역사적 유물로 가득 차 있었다. 아마도 청나라 강희, 건륭 황제가 현지에 내려오면 쓰던 방인 듯싶었다. 잠자리가 설어서 그런지 바람소리만 들려도 잠이 깨 숙면할 수가 없었다. 고급 목재에 정교하게 새긴 예술품으로 장식된 침대는 너무 황홀하고 우람해서 숙면에 방해가 될 정도였다.

한밤중에 일어나 벽면을 보니 1989년 11월 김일성 방문 사진이 걸려있고 친필 사인된 감사장도 전시되어 있었다. 아마도 양저우 시를 방문한 남한 인사로서는 최고위급이라 생각하여 일부러 김일성과 균형을 맞춘 의전 배려를 한 듯싶었으나 우리 부부에게는 도리어 불편했다. 이런 경우 우리말 표현 방법이 없어 아쉬우나 일본어로는 "아리가타이 메이와쿠(상대방의 친절에 감사하지만 내겐 좀 불편하다)"라고 하면 딱 들어맞는 표현이 될 수 있다. 날이 밝기를 기다렸다가 일반 호텔실로 옮겼다.

옛말에 "가장 행복한 남자는 서양인이 지은 양옥집에서 일본인 처를 맞아 중국 요리사가 만든 요리를 먹고 사는 것"이라고 했는데, 양식 호텔에서 양저우 요리를 맛보며 잠시나마 무한한 행복감에 젖어 볼 수 있었다. 비록 한국인 아내와 함께였지만⋯.

 제4장 중국의 경제·문화 중심지 상하이 진출

한밤중의 전화벨 소리

　1993년 3월 북한은 국제원자력기구(IAEA)의 특별사찰을 거부하기 위해 핵확산금지조약(NPT) 탈퇴라는 극단적인 벼랑끝 전술로 이른바 '1차 북핵 위기'를 초래한 바 있었다. 이를 계기로 미·북 간 핵협상이 개시되었고 1993년 6월 미·북한 최초의 공동성명이 채택되는 등[24] 관계 개선에 대한 합의에도 불구하고 IAEA 사찰 문제로 미·북 간 충돌이 재연되었다.
　1994년 5월에는 북한의 폐연료봉 임의추출 조치에 대한 미국의 선제 공격설 또는 유엔 안보리이사회 대북 제재 결의안 상정설 등이 대두되는 등 북핵 위기가 최고조에 달하게 되었다. 한승주 외무

---

24) 전봉근, 「김정은 체제의 핵·미사일 전략과 미북 관계 전망」, 국가안보전략연구소 2012년 학술회의 자료집 『김정은 체제 출범 이후 북한의 미래 전망』, p.76

장관은 핵위기 해소를 위해 워싱턴과 베이징 간 셔틀외교를 전개하였으나 이렇다 할 결실이 보이지 않는 때였다.

그런데 오랜 세월 유대관계를 맺어 온 중국 외교부 산하 국제문제연구소 타오빙웨이 학술위원이 느닷없이 상하이에 와 있다며 전화를 했다. 내일 아침 일찍 떠나야 하기 때문에 오늘 저녁밖에 시간이 없다고 하여 밤 11시쯤 호텔에서 만났다.

여러 대화 중 당시 첨예한 화두였던 북한 핵문제와 관련하여 유엔 안보리에서 제재 결의안이 상정될 시 중국이 거부권을 행사할 것인지 여부에 대해 의견 교환이 이루어졌다. 당시 중국의 태도는 시종 모호했으며 베이징 대사관이나 외무부 본부에서는 미국이 주도한 것을 중국이 반대까지는 하지 않을 것이라며 비교적 낙관적으로 생각하고 있는 듯했다.

그러나 그와의 대화에서 중국 정부가 거부권을 행사하기로 내부 방침을 정한 것으로 직감했다. 나는 당시 전후 관계를 상세히는 알지 못했지만 중요한 내용이라고 판단되어 다음날 아침 일찍 사무실에 나가 서울 본부에 "중국은 대북한 제재안 유엔 상정 시 거부권 행사 입장을 결정한 것으로 보인다"고 보고했다.

그랬더니 베이징 대사관에서 황 대사가 지시했는지 김하중 정무공사가 전화로 "왜 그런 보고를 했느냐"고 불평을 했다. 황 대사가 진노하는 등 대단히 못마땅하게 생각한다는 것이었다. 주중 대사관은 내가 보고한 내용을 전해들은 뒤 서울 본부에 타오빙웨이는 이미 은퇴해 정책에 관여하지도 않고 정보 소스도 없는 인물이고 그의 말은 신빙성이 없다는 요지로 보고했던 것 같았다.

나는 아주 난처한 입장이 되었다. 황 대사가 진노했다는 소리를 들으니 기분도 착잡했다. 외교관으로서 획득한 정보를 혼자 알고 있을 게 아니라 본부에 보고하는 게 임무라는 생각은 지금도 변함이 없다.

다행히 그날 오후에 장쩌민 총서기가 CCTV에 나와 "중국은 대북한 제재안이 유엔에 상정될 시 거부권을 행사하겠다"고 직접 공식 입장을 밝히는 것을 보고 나서야 안도의 숨을 내쉬었다.

얼마 후 정상기 동북아2과장이 서신을 통해 "그 전문 보고가 없었으면 외무부의 체면이 많이 깎일 뻔했다. 그간 낙관적인 정보만 난무해 외무부는 중국의 정확한 입장을 파악하기 어려웠는데 윤 총영사의 보고를 통해 사전 파악이 가능하게 되어 상부에 체면이 설 수 있게 되었다"는 내용의 후일담을 들려 주었다. 소신을 갖고 일한 보람을 또 한 번 느낄 수 있었다.

당시 주중 대사관은 다른 경로를 통해 중국측 입장을 파악하고 있었으나 보안 유지상 보고를 제한했던 것이라고 김하중 전 장관으로부터 전해 들었다.

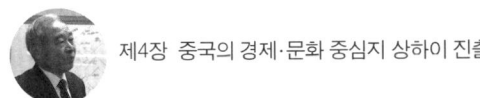 제4장 중국의 경제·문화 중심지 상하이 진출

상하이 시 대외문화교류협회와
협력 양해각서 체결

나는 2006년 6월 공직에서 물러난 후 비영리사단법인 '아시아문화발전센터'를 설립, 중국과 인도네시아 등 아시아 각국과 문화교류 협력사업을 적극 전개해 오고 있다.

지난 2010년 상하이 엑스포를 앞두고 상하이 시 산하 대외문화교류협회는 나에게 그동안 상하이와 한국 간의 경제·무역 분야의 협력은 활발한 반면 문화예술 분야의 교류는 저조하다는 점을 지적하며 초대 총영사를 역임한 나에게 문화예술 분야 교류에 앞장서 주기를 희망해 왔다.

나는 산하단체인 한국예원문화협회 소속 한국 전통 및 생활공예 작가 70여 명을 인솔하고 2010년 1월 12일부터 16일까지 상하이를 방문하였다. 상하이 시내 중심가에 있는 대형 쇼핑몰 전시장에서 작가들이 한복을 입고 한국생활공예품 전시회를 개최하여 수많은 상하이 시민에게 한복의 아름다움을 보여 주는 등 전시회가 성황을 이루었다. 또한 우리의 우수한 전통공예품을 전시함으로써 한·중 간의 교류가 순수예술, 응용예술까지 확대되는 효과를 가져왔다.

본 전시회가 끝난 직후 상하이 시 대외문화교류협회 측은 한국과 문화교류 협력사업 추진에 강한 의욕을 표시하면서 아래와 같은 협력 양해각서를 체결할 것을 제의하였기에 나는 이에 동의하여 서명하였다.

1) 협력분야

양측의 협력 가능한 분야는 문화예술, 과학기술, 경제금융, 인문사 회, 교육 및 스포츠 등을 포함한다. 교류 방식은 문화공연 및 각종 전시회 개최, 국제회의 및 학술세미나 개최, 외국시찰 및 교류의 조직 등 다양한 형태를 포함한다.

2) 협력방식

(가) 양측은 장기적이고 우호적인 협력관계를 구축하도록 한다.
(나) 양측은 모두 협력활동의 주최 측이 되며 상황에 따라 타 조직기관을 공동 주최 측 또는 후원사로 하여 활동에 참여하도록 요청할 수 있다.
(다) 양측은 상황에 따라 매년 또는 격년으로 상호 대표단을 파견하여 상대국에서 다양한 문화교류 활동을 개최하도록 하며 대등한 활동 유형 및 횟수로 진행하도록 한다.

(라) 현지 주최 측은 활동에 적합한 장소를 제공하며, 양측 교류 활동을 위한 개회식, 칵테일 리셉션을 개최한다. 또한 내빈과 관객, 현지 주요 언론을 초청하여 활동이 끝난 후에 언론 보도자료를 수집하는 등의 책임을 지도록 한다.

3) 비용분담

활동기간에 각 대표단의 국제 투어 비용과 숙식 및 교통비는 단체별 자체 부담한다. 단, 대표단이 현지에서 진행하는 활동 장소 비용, 부스 설치, 개회식, 칵테일 리셉션, 매체활동 비용 등은 현지 주최 측에서 부담하도록 한다.

제5장

타이완에서의 색다른 체험

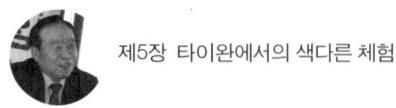 제5장 타이완에서의 색다른 체험

주타이베이 대표부 대표로 부임

1996년 3월 상하이 근무를 마치고 귀국하여 인천광역시 초대 국제관계 자문대사를 거쳐 1997년 3월 주일 대사관 경제공사로 부임하였다. 도쿄 부임 2년이 되어 가는 1999년 초 공관장 정기 인사 시즌인데 외무부 본부 신성오 기획관리실장으로부터 전화가 왔다. 홍순영 외무장관의 뜻이라 하며 주타이베이 대표부 대표로 내정될 예정이니 준비하라는 것이었다.

당시 나의 솔직한 심정은 본부 고위직 보임에 일말의 희망을 가지고 기대하고 있던 터라 약간 충격이었으며, 또한 중국 대륙과 수교 실현을 위해 매진해 온 내가 그 수교의 반작용으로 단교된 타이완으로 간다는 것은 일종의 아이러니가 아닌가 생각되었다.

우선 우리 외무부가 이 시점에 그간 군 출신 공관장으로 계속 보임해 오던 관례를 깨고 군 출신이 아닌 나를 처음으로 보내려 하는 배경이 무엇이며, 타이완 측에서 보면 자기들 적대국인 중국 본토와 친하고 가깝게 지내 온 나를 과연 접수할는지가 의문이었다.

타이완과 단교 직후 주브라질 대사였던 한철수 전 대표(4성장군, 한·미연합사 부사령관 역임)가 초대 대표로 부임한 데 이어 강민수 대표(3성장군, 공군사관학교 교장 역임)를 후임으로 발령하였으나 타이완 측이 일방적으로 단항 조치한 국적기 복항과 양자 간 관계 복원이라는 과제 해결을 위해 총력을 기울였음에도 타이완 측의 반한 감정이란 벽에 부딪쳐 허사가 되곤 하였다. 이에 새로운 시도로서 직업 외교관 출신인 나를 타이완 대표로 보내기로 했다는 후문이었다.

문제는 타이완 측이 나의 임명에 동의할지가 관건이었다. 한·타이완은 정식 국가 간의 관계는 아니어서 외교 관례상의 아그레망 부여와는 달리 상호 대표 임명시 '동의' 절차를 취하기로 양해한 바 있었다.

그런데 타이완 측에 나의 내정 의사를 통보한 지 얼마 지나지 않아 동의한다는 회신을 받았다는 것이었다.

최대 난제, 복항 문제

타이완 부임 도중 서울에 들러 홍순영 외무장관에게 인사차 갔더니 "가서 복항 문제 등 현안 타결을 위해 최선을 다하라. 전임자들의 노력이 전혀 결실을 못 맺고 있다. 전문가인 당신이 지혜를 발휘해 달라"고 격려하면서 "타이완 사람들이 해도 너무한다. 1993년 관계 복원을 합의할 때 빠른 속도로 관계를 회복하자고 약속했는데 6년이 지난 지금까지 그 약속을 어기고 있다"면서 불쾌한 심정을 토로했다. 당시 외무차관으로서 장샤오옌(蔣孝嚴) 외교부 차장과 극적 타결한 관계 복원 합의가 잘 이행되지 않은 데 대한 불만의 표출이었다.

부임 직후부터 반한 감정 해소를 위해 냉정한 태도로 대처해야겠다는 마음을 먹었다. 우선 단교 때 가장 충격을 받은 피해자와 직간접 피해의식을 갖고 있는 사람들이 마음의 응어리를 풀 수 있도록 해야겠다는 생각으로부터 출발했다.

주요 정부인사의 예방

단교 시 첸푸(錢復) 외교부장은 감찰원장으로 재임 중이었고 장샤오옌 외교부 차장은 여당인 국민당의 비서장(祕書長)으로 정계 실력자로 활동하고 있었다. 나는 첸푸 감찰원장을 제1차로 예방한 자리에서 "한·중 수교로 본의 아니게 가장 마음을 상하게 해 미안하게 되었다. 그러나 당시 한·중 수교는 한반도 평화와 안전을 위해 불가피했으며 타이완과의 공식 관계를 유지하려고 노력했으나 잘 안됐다. 이제 세월도 많이 지났는데 한국 정부로서는 한·타이완 관계를 미래지향적으로 발전시키고자 하며 이를 위해 내가 신임 대표로 부임하게 되었다"고 말하였다. 그러자 첸 원장은 "그간 원망도 많이 하고 불쾌하기도 했는데 오늘 윤 대표가 처음으로 찾아와 이런 설명을 해 주니 쌓였던 마음의 응어리나 화가 다 풀리는 것 같다. 그동안 나의 마음을 풀어 주는 사람이 없었다"고 응답하였다.

그는 일찍이 한국과 인연이 깊다고 하며 '한국의 개국'이란 주제의 박사논문으로 성균관대에서 명예박사학위를 받았다는 사실과 함께 한국 학계의 저명 인사인 이홍구 전 총리, 서강대 이상우 교수, 연세대 김달중 교수 등과 친분이 두텁다고 소개하였다.

첸 원장의 말을 듣고 보니 소통의 중요성을 절감하였다. "호랑이를 잡으려면 호랑이 굴에 들어가야 한다", "웃는 얼굴에 침 뱉으랴"라는 심정으로 찾아온 것이 잘 되었구나 생각했다.

리덩후이(李登輝) 총통은 나를 만나 주지도 않았다. 이는 대사가 아닌 미수교국 대표이기 때문이라는 이유였다. 외교단 활동 중에도 수교국 28개국 대사들이 외교단 서열 앞쪽에 있고 나는 말석 부분이었다. 미국과 일본은 좀 더 앞에 배치되었다.

부임한 지 얼마 안 된 1999년 7월 타이완의 공군 에어쇼 현장 참관 초청을 받았다. 외교단을 초청해 공군기지 내 공군사관학교에서 공군 화력 시범을 보이려는 계획이었다. 당시 타이완은 '미라주 2000기' 60대를 대당 4억 달러씩 총 240억 달러 현금을 주고 프랑스로부터 사왔다. 이 때문에 중국은 광둥 주재 프랑스 총영사관을 일시 폐쇄하기도 하였다.

타이완은 국방력을 과시하려고 외교사절단을 불러 에어쇼를 단행한 것이었다. 7월 뙤약볕에서 리 총통이 사열을 한 뒤 햇빛이 이글거리는 활주로 앞에서 에어쇼와 수직 이착륙 시범을 하는데 더워서 견디기 힘들었다. 외교 관계가 있는 국가의 대사들은 차양이 설치된 주석단 테이블에 앉아서 보고 우리는 차양도 없는 뙤약볕 아래에 배치했다.

순간 화가 치밀어 올랐다. 아프리카, 중남미 대사는 환대하면서 나에게는 차별대우하는 것 같아 굴욕감을 느낄 정도였다. 당시 주호태 공군 무관(주중 대사관 무관 역임)이 수행했는데 "앞으로 이런 행사에는 절대로 참가하지 않겠다"고 하면서 스스로에게도 다시는 이런 데에 안 가겠다고 다짐했다. '명색이 한 나라를 대표해 온 사람을 이렇게 비굴하게 만드는구나. 나는 최선을 다하려고 했는데 타이완은 아직 멀었구나'라는 생각도 들었다. 리 총통은 악수를 할 때 한국대사 앞에서는 고의로 냉랭한 모습을 연출하는 듯했다.

그리고 리 총통은 이날 미라주 2000기의 공군 화력 시범 현장 연설에서 "중·타이완 양안 관계는 국가 대 국가 간 특수한 관계(國與國之間特殊關係)"라고 규정하고 중국 대륙과 대결할 것이라고 밝히며 "중국이 공격하면 타이완은 상하이도 공격할 준비가 되어 있다"는 등 초강경 일변도의 대륙정책을 천명하였다.

그 뒤 얼마 후 나는 장제스 전 총통의 아들 장징궈(蔣經國) 전 총통의 사생아로 리 총통의 측근이며 외교부 차장과 부장을 역임한 장샤오옌(蔣孝嚴) 국민당 비서장을 만났다. 그는 한·중 수교가 임박한 시점에 장옌스(蔣彦士) 총통 특사 수행원으로 방한하는 등 전력에 비추어 단교로 인한 상처가 깊었으며 아직도 응어리가 남아 있는 듯했다. 첸푸 감찰원장 예방 시와 비슷한 내용으로 한·중 수교의 불가피성과 한·타이완 관계의 미래지향적 발전에 대해 설명했지만 반응은 신통치 않았다. 훗날 그는 여배우와의 스캔들로 어처구니없게 낙마하는 신세가 되었다.

샤오완창(蕭萬長) 행정원장은 합리적인 인물로 "한국 입장을 이해한다. 중국을 자극하지 않으면서 우리와 실질적인 관계를 진전시키자"며 복항도 조속히 이루어야 한다고 생각하는 등 우호적인 자세를 보였다. 대표 관저와 샤오 행정원장의 아파트는 같은 단지에 있었는데 부인도 한국인과 인상이 비슷해 행정원장인데도 격의 없이 친하게 지내고 행사장에서 자주 만났다. 다만 행정원장의 힘에 한계가 있었고 국민당과 외교부가 대한국 관계에 대해 잔뜩 응어리가 진 채 꽉 잡고 있어서 정부 차원에서 할 일이 그리 많지 않았다.

샤오 행정원장은 박재규 경남대 총장과도 친하게 지내는 사이였고 학술 교류 명목으로 박 총장이 타이완을 방문할 때마다 만나 서로 속마음을 토로할 수 있었다. 최근 건강이 안 좋아 마잉주(馬英九) 총통 2기에 러닝메이트로 출마를 포기할 수밖에 없었다는 소식을 듣고 매우 안타까웠다.

후즈창(胡志强) 외교부장은 자주 만나도 속마음을 털어놓지 않았다. 리다웨이(李大維) 정무차장은 서글서글한 인상에 인심도 좋아 자주 어울렸지만 복항과 관련해 약속한 사항을 실행에 옮기기에는 힘이 부치는 모습이었다. 우쯔단(吳子丹) 사무차장은 애초 국제기구국장으로서 중국, 타이완, 홍콩 3자 APEC 동시 가입 문제로 이시영 대사와 잘 아는 사이였음에도 한·중 수교 시 반감을 그대로 가지고 있었으며 첸푸 전 외교부장의 입김이 작용한 듯 복항 문제에도 원칙만 내세우는 등 냉담한 태도를 견지하였다.

이러한 가운데 현재 타이완 총통 제2기 재임중인 마잉주 당시 타이베이 시장을 예방하였다. 그는 미 예일대 출신으로 장징궈 전 총통 통역 겸 비서로 공직을 출발하여 천수이볜(陳水扁) 전 타이베이 시장과 대결에서 당선된 입지전적 인물이며, 영어는 물론 학식과 덕망을 겸비한 매우 스마트한 인상이었다.

그리고 홍콩에서 중국 대륙 후난 성 출신 부모님 사이에 태어나 타이완으로 이주하였으며 성격이 온화하여 정치가로서 강인함이 다소 의문시 되었으나 재집권에 성공하였다. 평소 육상, 수영 등 체

제5장 타이완에서의 색다른 체험 | 187

주타이베이 대표부 대표로 재직중이던 2000년 초 마잉주 타이베이 시장을 예방했다.

주타이베이 대표부 대표로 재직중이던 2000년 타이완을 방문한 박재규 경남대학교 총장과 함께 샤오완창 행정원장을 초청, 만찬을 함께 했다. 사진 우측 끝은 린펑시(林豊喜) 타이완·한국 의원친선협회장.

력단련에 열중하면서 대중들과 함께 스포츠를 즐기는 모습이 자주 목격되었다. 이것이 오늘 그의 성공의 밑거름이 되지 않았는가 생각된다.

내가 타이완에 부임한 지 수개월간 접촉해 온 고위인사의 언행을 종합해 보건대, 타이완 측이 나의 대표 내정에 저항감 없이 즉각 동의를 표하며 반겼던 이유를 차츰 알게 되었다. 타이완 측이 보기에 따라서는 장기간에 걸쳐 한·중 수교의 최전선에서 일해 온 내가 군 출신 대신 대표로 온다는 것은 한국 정부의 타이완에 대한 긍정적 정책 변화의 신호로 보고 보다 높은 기대감을 갖는 등 나름대로 긍정적인 해석을 했지 않았나 생각되었다.

나의 부임 후 본국으로부터 한·타이완 의원친선협회 소속 국회의원들만 다녀갔고 과장급 이상 정부 공무원 방문은 전무했다. 우리 정부의 타이완 교류 지침('1개 중국' 원칙 준수)이 지나치게 엄격히 적용되고 있는 증거였다.

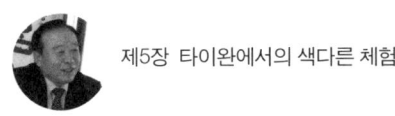

제5장 타이완에서의 색다른 체험

타이완인의 반한 감정 해소의 전기가 된 9·21 대지진 구조

1999년 9월 21일 새벽 1시 47분 타이중(臺中) 난터우(南投) 등을 진앙지로 해서 '리히터 스케일' 7·6 강진이 발생했다. 처음에는 수평으로 침대가 움직이다가 나중엔 수직으로 움직였다. 일어나자마자 몸을 가눌 수가 없어 허둥지둥대다가 23층 창 밖을 내다봤더니 타이베이의 출렁거리는 고층건물들이 마치 바다에 떠 있는 여객선이 풍랑을 맞아 요동치는 것 같았다.

엘리베이터를 탈 엄두가 안 나서 계단으로 내려가야 하는데 한 발짝도 움직일 수가 없었다. 교민들과 유학생의 안전이 걱정되었으나 전화가 다 불통이었다. 그런데 6시가 되기 직전 전화벨이 울렸다. 흔들리는 몸을 겨우 가눈 채 수화기를 들어보니 서울 SBS 기자였다. 타이완 지진 발생 사실을 외신보도로 알게 됐다면서 자세한 현지 상황을 말해 달라는 것이었다. 지금은 몸이 흔들려 현기증이 날 정도이니 다시 걸어 달라고 하자 실감이 난다며 계속 대화를 이어가자고 했다. 기자의 말이 야속하게 들렸다.

6시가 되어서야 전 직원 비상소집이 되어 교민 피해 파악에 들어갔다. 교민들의 피해는 거의 없었으나 진앙지 지역의 주민 5천여 명이 사망하고 타이베이에서만 아파트 등의 매몰로 200여 명이 숨졌다.

신길수 차석(도아개발협정 대사 역임)은 텐무(天母, 양명산 근처) 암반 지역의 주택 2층에 살았는데 전혀 지진을 못 느꼈다가 후에 뉴스를 보고 놀라서 사무실로 연락을 했다. 사정이 이렇게 되자 당일 나는 본국 정부에 긴급 구호단 파견을 건의했다. 그러나 본부에서 선준영 차관이 대답하길, "중국과 보조를 맞춰야 하는 등 여러 가지 고려할 사항이 있어 어려우니 당신이 장관에게 직접 전화 보고하고 지원을 요청하라"는 것이었다.

나는 다시 장관에게 직접 연락해 "시급한 상황이 발생했고 러시아, 일본 등도 대규모 구조대를 파견하고 있다. 이미 도착한 곳도 있으니 중국의 반응을 타진할 것 없이 즉각 인도주의적 견지에서 파견해야 효과가 있고, 늦으면 안 된다. 우리 공관에서 건의한 대로 지원 조치해 달라"고 읍소했다. 홍 장관은 "타이완이 실질관계에 대한 진전 노력을 하지 않고 있는 데다 중국의 반응도 고려하지 않을 수 없다. 또 119가 민간인이 아닌 행자부 소속 정부기관이니만큼 수교국인 중국과의 관계도 고려해야 한다"고 말했다.

하지만 나는 물러서지 않고 다시 "시급을 요한다. 지진 발생 하루가 지난 데다 다른 곳은 이미 도착한 나라도 있고, 인도적인 문제인 만큼 즉각 파견해 달라. 실질관계 진전에 대한 타이완 측의 무성의가 문제는 되지만, 이번 지진 발생에 우리가 성의 표시를 하게 되면 앞으로 한·타이완 관계 개선에 도움이 되고 반한 감정을 없애는 데도 도움이 된다"고 강조했다. 아울러 나의 건의를 들어주지 않으면 이곳에서 더 이상 일할 수 없다며 배수진을 쳤다. 이렇게 하니 홍 장관도 "알겠다"며 구호 지원에 동의했다.

119 구조대원 도착과 인명 구조

다음날 119 구조대원 15명이 도착했다. 구호품을 실은 대한항공 특별기가 단항 후 처음으로 타이완 땅에 착륙하였다. 우리 구조대는 한 발짝 늦게 도착하다 보니 타국의 구호대가 훑고 지나간 곳을 배정받았다. 지진 중심지인 난터우였는데 이곳은 일본을 비롯한 여러 나라가 거쳐 간 곳으로 생존자가 없다며 시신만 수습하고 포기하고 지나간 곳이었다.

9월 23일 오후 구조대는 공항 도착 후 바로 난터우 현장에 내려갔는데 첫날은 큰 성과가 없었다. 나는 구조대를 격려하기 위해 뒤따라 내려가 시설과 음식이 좋은 호텔 식당을 예약하여 대원들의 사기를 북돋아 주었다. 다음날 24일 이른 새벽에 출동한 구호견이 인적을 발견했다. 이날 오후에 100여 시간 동안 매몰되어 있던 6세 어린이 장징훙(張景宏) 군을 찾아내는 쾌거를 달성한 것이다.

타이완 언론은 한국 팀이 구조하고 있다는 것을 보도하지 않고 "제3국 팀이 구조하고 있다"고만 보도했다. 이 소식을 듣고 리덩후이가 현장을 찾아가는 모습이 텔레비전에 나오는데도 한국인 구호

대장을 격려해 주는 모습은 없을 정도로 당시 반한 감정이 여전했다. 무척 섭섭하고 타이완 사람들이 너무 심하다는 느낌이 들기도 했다.

악감정이 눈 녹듯 녹아내리다

　타이완 언론들은 장징홍 군을 안고 나온 구조대원의 복장에 있는 태극기를 보고 나서야 "한국인이 구조했다"고 보도하기 시작했다. 미국의 CNN이 먼저 대대적으로 보도하였다.
　그러자 한국을 그토록 무시하고 반감을 가졌던 타이완 국민과 언론의 악감정이 눈 녹듯 사라지기 시작한 것이다. 보도 양태도 달라지고 감사편지가 대표부에 답지했다. 아파트 주민들도 내게 먼저 인사하기 시작했고, 타이완 주민들의 우리 교민에 대한 태도와 식당에서 한국인 고객에 대한 태도가 달라졌다. 타이완 정부 인사들도 많이 달라지고, 첸푸 감찰원장과 장샤오옌 외교부장은 물론 리덩후이 총통까지도 만날 때 웃음을 보이고 쌀쌀맞게 대하던 총통 부인도 나의 아내에게 친해지려고 노력하는 모습이었다.
　수천 차례의 여진이 계속되면서 착시 현상까지 생겨 본국에 요청해 서울로 휴가를 갔다. 귀국해 본부를 방문했더니 홍 장관과 본부 간부들이 모두 "수고가 많았다"고 인사를 했다. 장관은 별로였지만, 홍정표 차관보가 내게 "장관이 별로 남 칭찬을 안하는 성격인데 간부회의 석상에서 타이완에 프로가 가니까 역시 다르다. 이번에 일을 잘 처리했다"고 칭찬하더라고 귀띔해 주었다. 이것으로 모든 피로가 일순간에 풀리는 듯했다. 음지에서 일하지만 참 보람 있는 일을 했다는 성취감도 느꼈다.

한국 구조대의 쾌거는 한·중 수교 시 타이완 정부의 선단교 조치와 타이완 국민의 반한 감정이 폭발했던 시기와 정반대의 결과를 가져왔다. 한국인 승객에 대해 승차 거부하던 택시기사들이 오히려 요금을 면제해 주는 사례가 빈번해지고, 한국인 손님을 사절하던 식당이나 유흥가에서 요금 할인은 물론 마시다 남기고 간 주류를 한국인 고객이 마실 수 있도록 부탁하는 등 한국인에 대한 친절 분위기가 전국적으로 확산되기에 이르렀다.

1983년 5월 5일 별안간 발생한 중국 민항기 납치사건이 한·중 수교 추진 과정에서 커다란 전기를 제공한 것처럼 타이완의 9·21 대지진 역시 한·타이완 관계를 회복하는 데 획기적인 전환점이 되었다. 이는 하늘이 우리에게 내려 주신 기회가 아니었던가 생각된다.

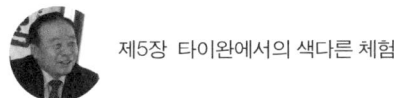 제5장 타이완에서의 색다른 체험

한류 확산과 한국 상품 전시회

대지진 발생 때 우리 119구조대가 6세 된 남자아이를 구해 낸 것을 계기로 타이완인의 반한 감정이 해소되면서 타이완 정착을 위해 귀국했던 재한 화교들도 반기는 분위기가 되었고 한국과의 비즈니스 재개를 서두르는 모습이었다.

나의 사무실에 이들의 내방이 잦아지고 이전부터 싹트기 시작한 한국 영화와 드라마 등 영상물 수출에 관심을 보이면서 지원을 요청하였다. 나는 이들의 요망을 호의적으로 받아들여 대표부로서 할 수 있는 역할을 하겠다고 약속하고 프로모션 활동을 적극 지원하였다. 시간이 지날수록 우리 영화와 드라마 등 영상물, 캐릭터 상품의 수출이 급증하는 추세였다. 타이완인들은 대륙이나 동남아에 산재한 한국 영상물을 구입해 친척, 친지 등에 전파하는 등 한류 확산에 매개체 역할을 했다.

시너지 효과를 위한 한국 상품 전시회

 이러한 가운데 현지에 진출해 있는 삼성, LG상사 주재원들이 우리 대표부에 한류 스타를 초청하여 사인회와 동시에 상품 전시회를 개최하면 시너지 효과를 기대할 수 있을 것이라는 방안을 건의해 왔다. 나는 일리가 있다고 보고 대표부에 근무하는 안성국 서기관(외교부 정책기획실 심의관 재임)에게 구체적인 방안을 검토하도록 지시하였다. 안 서기관은 평소 업무에 매우 적극적이고 활동적이어서 상사 주재원과 실행 방안 협의에 착수하였다.

 문제는 한류 스타 초청 문제인데, 어느 정도 인기와 유명도가 있어야 하고 개런티에 구애받지 않으면서 애국적인 봉사정신이 투철한 사람을 선정해야 하기 때문에 쉽지 않은 일이었다.

 그런데 도움을 받을 수 있는 사람이 생각났다. 다름 아니라 도쿄 주일 대사관에서 문화담당 공사로 같이 일하다가 문화관광부 차관으로 영전해 간 윤형규 씨였다. 그는 대사관 근무 시 종씨일 뿐 아니라 성격이 잘 맞아서 절친하게 지내는 사이였다. 그가 떠나면서 "나중에 도움이 필요한 일이 있으면 꼭 한번 신세 갚겠다"고 한 말이 생각나는 것이었다. 바로 윤 차관에게 전화하고 편지를 보냈더니 희소식이 날아왔다. 주연급 인기 연예인인 차인표, 송윤아, 류시원, 한재석, 가수 유열 등을 파송하겠으며 개런티는 신경 쓰지 말고 체재비 정도만 부담하면 되고 정중한 식당에서 공관장 주최 만찬 1회 정도면 좋겠다는 것이었다.

 우리 대표부는 타이완 진출 주재상사 및 동포 단체들의 적극적인 호응을 얻어 2001년 10월 2일부터 7일까지 타이베이 '뉴욕뉴욕백화점'에서 한국 상품과 문화, 음식을 한자리에서 소개하는 '한국

타이베이에서 한류 바람을 일으킨 '한국 문물전'에 차인표와 류시원 등 한류 스타들을 초청하여 상품 전시회를 겸한 사인회를 열어 선풍적인 인기를 끌었다. 이것이 중국 대륙과 홍콩 등 화교가 다수 거주하는 동남아 지역으로 확산되는 효과를 가져왔다.

문물전'을 주최하게 되었다. 동 행사는 1만여 명의 타이완 주민이 동참함으로써 공전의 성과를 거두게 되었다.

당시 타이완에서 가장 인기가 많았던 한국 드라마는 '불꽃', '호텔리어', '모델', '가을 동화' 등이었는데 이들 드라마의 주연급 연예인 5명(차인표, 송윤아, 류시원, 한재석, 유열)이 매일 한 사람씩 타이완 연예인 Jia Yongjie의 사회로 팬 사인회를 가졌으며, 타이완 주민들이 사인회에 뜨거운 관심을 보이면서 뉴욕뉴욕백화점은 인산

인해를 이루게 되었다. 이러한 열기는 단교 이후 거듭 침체를 보였던 한·타이완 관계를 일거에 변모시키는 계기가 되었다고 본다.

한국에 대한 이미지가 호전되면서 타이완 주민의 한국 상품에 대한 인식도 호의적으로 바뀌는 계기가 되었으며, 문물전 기간 중 전자제품(삼성·LG), 자동차(현대·대우), 식품 등의 부스가 집중적인 주목을 받은 가운데 식품의 경우에는 거의 매진되는 효과를 거두었다.

한국산 사과와 배는 당시 타이완으로의 수출이 허용되지 않아 판매는 못하고 전시 및 시식만 하였는데, 많은 관람객이 구매를 원하면서 타이완의 WTO 가입 이후 우리 과실류의 타이완 시장 진출에 크게 일조하는 결과를 가져오기도 하였다. 당시 연예인 팬 사인회, 김치 시연회에 타이완 주민이 직접 참여하는 장면이 타이완 매체에 보도되었다. 또한 바다(八大)TV, 웨이라이(緯來)TV, 화스(華視)는 한국 문물전 무료 광고에 협조하는 등 적극성을 보이기까지 하였다. 이전에는 상상도 할 수 없었던 분위기였다.

우리 연예인들의 애국적인 팬 사인회

한국 문물전을 앞둔 시점에서 9·11테러사건 발생에 이어 타이완에 수십 년 만의 대홍수 등으로 인해 전반적인 분위기가 침체된 상황에서 문물전 취소 가능성이 대두될 정도로 흥행 가능성은 매우 비관적이었던 것이 사실이다. 이러한 가운데도 우리 대표부 전 직원은 결코 포기하지 않았으며 이러한 배경에는 무엇보다도 차인표, 송윤아 등 우리 연예인들의 애국적인 행동이 합세한 결과였다.

이들은 우리 공무원들의 생각을 진지하게 경청해 주었고, 어떠한 상업적 대가도 요구하지 않으면서 팬 사인회에 응했던 것이다. 다시금 이들의 애국심에 경의를 표하고 싶다.

문물전이 개최된 2001년 후 10여 년이 지난 지금 타이완이 우리의 5대 교역 상대라는 사실은 우리에 대한 타이완의 중요성을 단적으로 보여 주는 사례가 될 것이다. 무엇보다도 우리가 문물전을 통해 얻은 소중한 자산은 오랜 친구로부터의 관심과 우의를 재확인할 수 있었다는 것이며, 아울러 단교 이래 타이완 당국 및 사회의 차가운 시선과 냉대 속에서 타이완 체류상의 많은 어려움을 체험하여 온 우리 교민(장기 체류자, 상사원, 유학생 등)들이 당시 한국 문물전 행사 이후 자긍심을 가지고 교민 사회가 발전해 나갈 것이라는 기대를 가지게 된 것이다.

또한 돌이켜보면 우리가 오늘날 대성과를 거두고 있는 한류의 진원지는 타이완이었다고 할 수 있다. 한류의 물결은 당초 중국 대륙 그리고 화교들이 다수 거주하는 동남아로 번져 나갔고, 이것이 전 세계로 확산되고 있음을 생각할 때 당시 타이베이 주재 한국 대표로서 참으로 가슴 벅찬 기억으로 남아 있다.

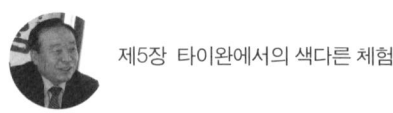
제5장 타이완에서의 색다른 체험

리덩후이와 천수이볜 정부의 대한(對韓) 강경책

하지만 리덩후이 총통 등 국민당과 외교부의 대한관(對韓觀)은 언론과는 별도로 개선 징후를 보이지 않고 시간이 지나감에 따라 오히려 기존의 경직된 입장으로 회귀하는 느낌이었다.

리 총통은 1999년 7월 '미라주 2000' 공군 화력 시범 현장에서 양안 관계는 "국가 대 국가 간 특수한 관계"라고 규정한 이래 대륙과의 대결 자세를 계속 강화해 가고 있었다. 사실 리는 국민당 소속 총통이면서도 대내외 정착 면에서는 '타이완 본토화'를 지양하며 특히 대륙과의 관계는 자연스럽게 야당인 민주진보당과의 정책 공조 방향으로 나아가고 있었다.

리덩후이는 2000년 초 총통 선거가 가까워 오는 시점에 가끔 자신의 후계로는 국민당 후보가 아닌 천수이볜이 될 수 있음을 시사하는 발언으로 눈길을 끌었다. 예를 들면 독실한 기독교 신자를 자처하는 그는 구약 시절 모세가 사후를 대비하여 여호수아에게 뒷일을 당부한 일을 가끔 언급하는 것을 보고, 처음에는 무슨 뜻인지 모호했으나 나중에 갈수록 그의 의도가 드러나기 시작하였다.

국민당은 부총재였던 렌잔(連戰)과 쑹추위(宋楚瑜) 후보 간 분열되었고 민주진보당 단독 후보였던 천수이볜이 어부지리로 승리, 2000년 5월 20일 타이완 최초로 야당인 민주진보당 주석이 총통에 취임하는 등 이변이 발생하였다.

9·21 대지진과 수없이 이어진 여진의 여파로 타이완 국민의 공포는 물론 대륙과의 대결로 인한 불안으로 타이완 경제는 활력을 잃게 되었다. 리덩후이 총통을 비롯한 국민당 정권에 대한 국민들의 실망이 반사적으로 야당인 민주진보당 집권을 촉진시켰다고 볼 수 있다.

 제5장 타이완에서의 색다른 체험

천수이볜 총통과의 인연

  천수이볜 총통과 나의 인연은 그가 민주진보당 대통령 후보 시절이었던 1999년 10월~11월경부터 시작되었다. 그는 9·21 대지진 후 타이완인들의 반한 여론이 호전되는 추세임을 재빠르게 감지하고 총통 후보로서 자신의 지지기반 강화에 이용할 목적으로 나에게 조용히 접근해 왔다.

  국민당 소속 타이완 중앙통신 서울특파원으로 장기간 근무하여 한국어를 구사할 줄 아는 리짜이팡(李在方) 교수를 통해 조용한 곳에서 조찬을 같이 하자는 제의가 왔다. 대표부 인근에 있는 하얏트 호텔 소형 별실에서 쩡톈시(曾天錫) 비서 등 측근과 함께 조찬을 하며 담소를 나누었다.

복항 문제 해결 약속과 정권인수 노하우 전수 요청

천 후보는 대학생같이 청순하고 어려 보였으나 오랜 인권 변호사 출신으로 타이베이 시장 때 서민정책 성공으로 인기를 얻는 등 경력이 반영하는 듯 자신감과 패기에 넘치는 면모를 보였다. 그러나 당시 국민당 후보로 거론되던 롄잔(連戰), 쑹추위(宋楚瑜) 등에 비하면 모든 면에서 처지는 감이 있었다.

그는 집권하면 한국과의 관계를 획기적으로 발전시키겠다는 포부를 밝혔고, 특히 복항 문제는 즉시 해결하겠다고 공언하였다. 그리고 우선 자신이 곧 서울에 가는데 이한동 국무총리와의 면담을 도와 달라는 것이었다. 본부에 건의한 바 천 후보 방한 때 이한동 국무총리와 사무실 밖 호텔에서 비공식적 만남이 이루어졌다. 그 후 감사 메시지가 오는 등 비서를 통해 수시로 연락해 오는 사이가 되었다. 2000년 3월 총통선거에서 여당의 분열로 민주진보당 후보인 천수이볜이 총통에 당선되었다.

천 총통 당선자는 정권인수 사무실을 개설한 후 또 나를 보자고 했다. 타이완의 정권 교체가 예상보다 빨리 이루어진 바람에 정권인수 준비가 급하게 되었다고 하면서, 얼마 전 출범한 한국의 DJ정부 정권인수 노하우를 전수받았으면 하는데 도와줄 수 있겠느냐는 것이었다. 나는 별문제 없다고 보고 즉시 본부에 천 총통 당선자의 요망사항을 그대로 보고하였는데 DJ에게까지 보고되었다 한다. DJ는 정권 인수위 간사로 일했던 라종일 경희대 교수를 지명하며 적극 도와주라고 지시하였다 한다.

라종일 교수는 DJ 당선자 정권인수위원회 간사일을 마치고 국가정보원 제1차장으로 근무하였으며 경희대 교수로 일단 복귀한 후 주요 각료로 입각을 기대하고 있었던 것으로 알려졌다. 라 교수는 두세 차례 타이완을 방문하면서 천 총통 당선자와 면담했고, 총통 취임 때 특별 초대되는 영광도 누렸다.

한편 천 총통은 취임 전과 다름없이 친근감을 보이며 밤늦은 시간에도 집무실에서 단독으로 만나 주었다. 측근들에 의하면 천 총통은 습관적으로 밤늦은 시간에도 귀가하지 않고 집무실에서 시간을 보낸다는 것이었다. 아마도 부인이 교통사고로 휠체어에 의존하는 건강 때문인 듯싶었다.

국적기 복항 문제와 관련, 처음에는 시간을 달라고 하며 곧 좋은 소식이 있을 거라 하더니 나중에는 외교부 등 기존 국민당 정부 시절 관료들의 저항을 사전 예방하기 위해서는 시간이 필요하다면서 기다리라는 것이었다. 천 총통이 국민당 내부 분열로 예상보다 빨리 집권하게 되었고 집권 내각에 외교부장만 교체하였을 뿐 차관 이하 대부분의 외무 관리는 계속 잔류하게 되어 외교정책 수립 및 시행을 기존 관료에 의존하는 상황이었다. 다만, 단교 이래 중단되어 온 한·타이완 민간경협위원회 제25차 회의는 2000년 11월 서울에서 재개되었다.

1999년 9월 21일 타이완 지진 발생 때 우리의 전경련 손병두 부회장 일행이 타이완을 방문하여 상당액의 위문금을 전달하였고, 2000년 5월 김각중 전경련 회장이 천 총통 취임식에 참석했을 때 구롄쑹(辜濂松) 공상협진회 회장과 민간경협위 재개에 합의하였다.

민주진보당 집권 초기에는 중국과의 충돌을 피하기 위해 타이완 독립을 추구하지 않는 것처럼 행세했으나 집권 1년이 경과하면서 타이완의 본토화(사실상 독립)를 추진하게 되자 한·타이완 실질관계 개선에 부정적으로 작용하게 되었으며, 타이완이 우리에게 매사 '국가 존엄 존중' 등 무리한 요구만을 되풀이하므로 양측의 기본적 이해관계가 충돌하게 되었다.

2001년 7월에는 김영삼 전 대통령이 천 총통 초청으로 타이완을 방문, 복항 문제 타결을 의욕적으로 시도해 보았으나 벽이 너무 높아 일정을 앞당겨 귀국하는 사태까지 발생하였다.

타이완 외교부의 한국 관련 업무부서는 스딩(石定) 아주국장과 그 라인에 화교 출신 전문직원이 담당하였는데, 공교롭게도 이들은 단교 시 주한 타이완 대사관 참사관과 직원으로 근무하던 사람들이었다. 그 당시 좋지 않은 추억 때문인지 매사 힘들게 하여 대표부 직원들도 곤욕을 치를 수밖에 없었다. 식사, 골프 회동도 자주 해 보았지만 앞에서는 도와주는 척하면서 뒤에서는 딴지를 거는 사례가 종종 있었다.

매년 연말경 중국인의 최대 명절인 구정을 앞두고 타이완 정부, 정당, 각계 유력인사에게 한국의 사과와 배를 수입하여 선물하는 것이 관례화되어 있었다. 단교 후에도 수입금지 품목이 된 사과와 배를 수입해서 VIP 선물로 사용해 왔다. 2001년 12월이 되어 예년과 같이 국산 사과와 배를 항공기편으로 수입했는데 통관이 되지 않는 것이었다. 왜냐하면 타이완 농업위원회가 수입 제한 대상 과일 수입 허용은 연 1회로 제한한다는 억지 이유를 들어 통관을 불허한다는 것이었다.

나는 타이완 측이 골탕을 먹이기 위한 꼼수를 쓰는구나 직감하고 2~3일 지나 본부에 사실을 보고한 후 허가를 받아 반송조치하였다. 적지 않은 양의 과일을 타이완의 고온상태에서 냉장창고에 보관할 경우 비용이 만만치 않을 것이며 장기 보관 시 선물로서 품질 유지가 어렵다고 판단해 긴급 반송하였다. 타이완 정부 측의 속보이는 꼼수에 일격을 가한 셈이어서 통쾌하기 그지없었으며, 공관원들도 나의 과단성 있는 판단에 전적으로 동감하였다. 만약 본부에 이 사실을 숨기고 쉬쉬하며 머뭇거렸을 경우 초래될 부작용을 생각하면 지금도 치가 떨린다.

나는 이 일을 경험하고 나서 공직자의 자세를 다시 한 번 생각하게 되었다. 즉 일을 하다가 사소한 실수나 잘못이 발견될 시는 초기 단계에서 지체 없이 잘못을 시인하고 시정하는 방향으로 건의하는 자세가 필요하다는 것이다.

최근 일부 해외공관에서 발생한 일련의 사건이 초기에 수습되지 못하고 어렵게 된 후에야 밝혀지는 사례를 보고 마음이 착잡하기 그지없다.

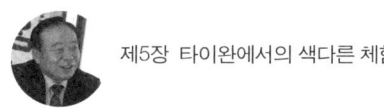 제5장 타이완에서의 색다른 체험

복항 문제에 관한 천수이볜의 식언

타이완은 1992년 8월 24일 한·중 수교와 한·타이완 단교에 따른 보복으로 1992년 9월 15일부터 한·타이완 간 국적기 운항 중단 및 우리 국적기의 타이완 영공 통과를 불허하였다.

1993년 11월 비공식 관계 설정 합의 후 1995년 3월, 12월, 1997년 1월, 1998년 1월 단속적으로 복항 해결을 위한 협의를 하였으나 타이완의 고위급 대화 요구로 가시적인 결과를 얻지 못하였다.

타이완 측은 복항 문제를 대한국 관계에 대한 최후의 보루로 생각하고 외교 카드로만 사용하려는 경향을 보였다. 그리고 복항이 되면 경쟁력 있는 한국의 항공사가 훨씬 많은 이득을 본다는 인식 하에 우리에게 그 이상의 정치적 양보를 하라는 것이었다. 국적기는 운항이 불가한 가운데 홍콩 CPA, 타이 TG 등 제3국 항공기에 대해서만 황금노선 운항을 허용함으로써 엄청난 어부지리를 안겨 주는 형국이 되었다.

난항을 거듭한 복항 해결 방안이 2000년 8월 반기문 외무차관과 린쭌셴(林尊賢) 주한 타이베이 대표와의 만찬 회동 때 양측 외무차관이 제주도에서 회동하여 포괄적으로 타결하자는 방안이 거론되어 2000년 10월에 합의하였으나, 타이완 측의 사전 보안누설로 인해 불발로 끝나고 교착상태에 빠지고 말았다.

상황이 이렇게 되자 우리는 타이완의 요구사항이 여타 제3국과의 항공협정 체결 시와 비교하여 너무 과도하다고 판단하고, 타이완이 기대치를 스스로 낮출 때까지 충분한 시간을 갖고 대응하기로 방침을 정하였다.

2002년 초, 타이완 근무 3년이 다 되어 가는 무렵이었다. 취임 전부터 복항과 한·타이완 관계 발전을 약속했던 천 총통의 본뜻인지 몰라도 측근을 통해 나에게 메시지가 전해져 왔다. 복항 문제에 대한 약속을 못 지켜 미안하다면서 나의 임기를 더 연장할 수는 없는지 묻는 것이었다.

이 말을 듣고 나는 일종의 배신감마저 느껴졌지만 억누르고 총통의 호의는 고마우나 우리 정부의 인사 방침상 어려우며 나 자신 그렇게 할 의사도 없다고 정중히 거절하고 귀국하였다.

결국 한국과 타이완 간 정기 항공노선은 2005년에 개재되었다. 단교 후 직항노선이 폐지되어 주로 홍콩을 경유해 제3국적기를 이용해 오다가 2002년 말에 이르러 정기성 직항 전세기가 취항하기 시작하였으며, 2004년 9월 1일 항공협정 체결로 양국을 오가는 정기노선이 1992년 단교된 지 실로 12년 만에 부활하게 된 것이다.

타이완에서의 3년간은 기대와 좌절이 교차하는 시간이었다. 전임

군 출신 공관장이 이루지 못한 국적기 복항 문제 등 현안 문제 해결을 위해 의욕과 사명감으로 충만한 가운데 9·21 대지진이라는 천재지변이 전화위복의 계기가 되었다. 이로 인해 타이완인들의 반한 감정이 눈 녹듯 사라졌고 친한 감정이 고조되어 타이완이 한류의 세계적 확산을 위한 진원지가 된 기쁨도 맛볼 수 있었다.

예기치 못한 천수이볜 총통의 집권으로 기대했던 국적기 복항 문제 등 현안 해결이 실현되지 못한 데 대한 아쉬움과 실망감 또한 컸다. 아무튼 나와 함께 동고동락했던 임성남 정무참사관(현 한반도평화교섭 본부장), 뒤를 이은 전태동 부대표(주이스탄불 총영사 재임)의 헌신적인 보좌에 대하여 고마운 마음 간직하고 있다.

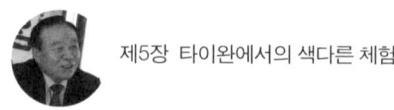
제5장 타이완에서의 색다른 체험

부산 APEC 정상회의 천수이볜 총통 참석 만류

2005년 6월 나의 마지막 해외 근무지인 인도네시아에서 본부대사로 귀임한 지 얼마 안 된 시점이었다. 외무부 김종훈 APEC 정상회담 담당대사(통상교섭본부장 역임 후 퇴임. 현 새누리당 국회의원)로부터 전화가 걸려왔다.

그해 11월 부산에서 개최 예정인 APEC 정상회담에 타이완 천수이볜 총통이 참가하겠다고 고집을 부리고 있어 고민이라면서 반기문 외무장관이 나에게 도움을 청해 보라고 했다는 것이었다. 김 대사가 1차 타이완을 방문해 참가를 만류해 보았으나 막무가내라고 했다. 반기문 외무장관이 차관으로 재임하고 내가 타이완 대표로 있을 때 천 총통과의 관계를 잘 알고 있는 터라 내가 설득하면 천 총통의 고집을 꺾을 수 있을 것이라고 생각했던 것 같았다.

나는 곧 외무부장관실로 가서 반기문 장관과 면담을 청했다. 반 장관은 어렵겠지만 천 총통의 APEC 참가를 만류해 달라고 부탁했다. 나는 최선을 다하겠다 하고 천 총통이 못 올 경우 다른 고위 인사가 대신 참가하는 것은 괜찮을지 확인한 바 천 총통만 아니면 괜찮다고 하였다. 나는 다음날 외교정책실 우경하 정책총괄과장(외교부 지역통상국장 재임)과 함께 타이완을 방문했다.

천수이볜 총통을 예방하다

이튿날 주타이베이 대표부 황용식 대표와 함께 타이완 총통부 집무실로 천수이볜 총통을 예방했다. 천 총통 왼편에 천탕산(陳唐山) 외교부장, 총통 비서실장, 장쉬청(張旭成) 국가안전회의 부비서장 등 각료급 이상 고위인사 15여 명이 착석해 있고 우리 측은 내 옆에 황용식 대표, 우경하 과장, 대표부 정무담당 등 4~5명이 수행하는 등 균형이 맞지 않은 모습이었다.

천 총통은 지난 1991년 11월 중국, 타이완, 홍콩 3자 간 APEC 참가가 합의되었을 때 타이완 총통의 불참을 조건부로 한 것은 과거 국민당 정부 시절에 있었던 부당한 처사로서 민주진보당 정부와는 무관하며, 자신은 금번 부산 APEC 정상회의에 당당하게 참석할 자격이 있다고 열변을 토했다. 또한 변호사 출신답게 조목조목 열거하며 자기 주장의 정당성을 폈다.

나는 과거 천 총통의 야당후보 시절부터 허물없는 사이였고 또한 총통 취임 후에도 격의 없이 지내던 기억을 되살려 전혀 기죽지 않은 자세로 대응하였다. 특히 나에게 복항 문제와 관련해 철석같은

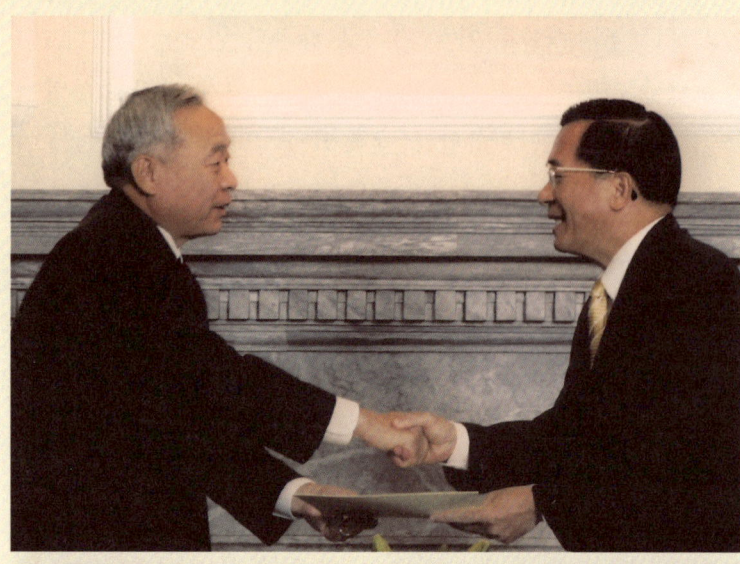

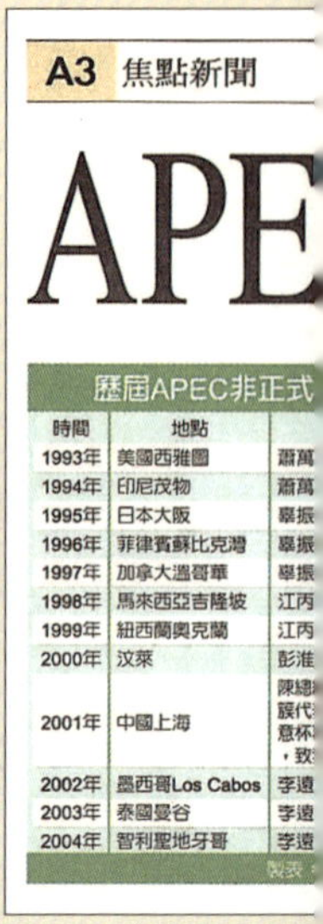

A3 焦點新聞

APE

歷屆APEC非正式		
時間	地點	
1993年	美國西雅圖	蕭萬
1994年	印尼茂物	蕭萬
1995年	日本大阪	辜振
1996年	菲律賓蘇比克灣	辜振
1997年	加拿大溫哥華	辜振
1998年	馬來西亞吉隆坡	江丙
1999年	紐西蘭奧克蘭	江丙
2000年	汶萊	彭淮
2001年	中國上海	陳總 簇代 意杯 ，致
2002年	墨西哥Los Cabos	李遠
2003年	泰國曼谷	李遠
2004年	智利聖地牙哥	李遠

製表

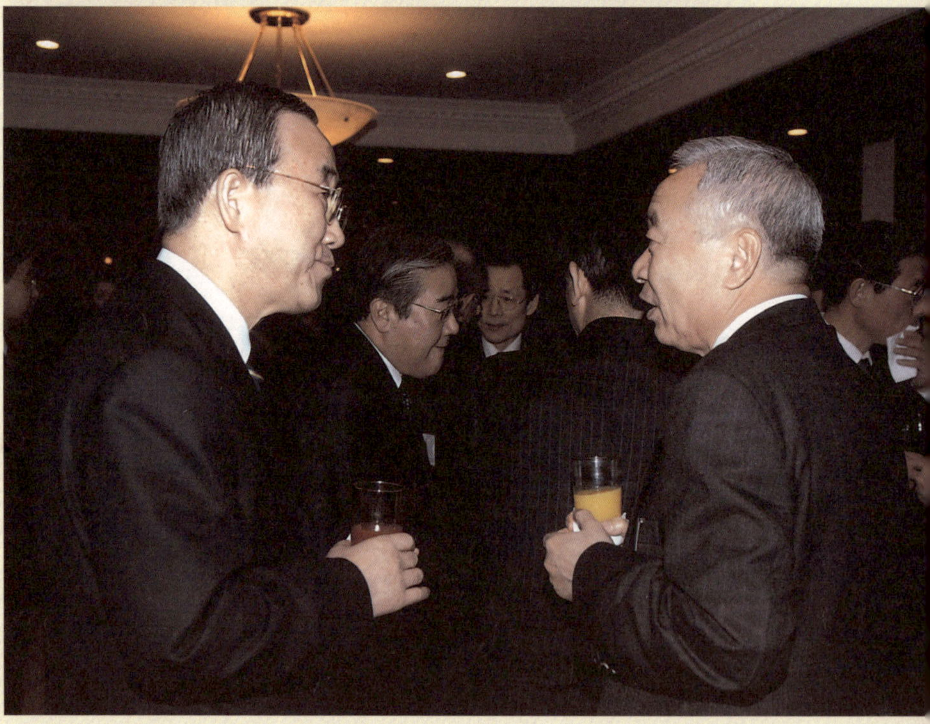

- 천수이볜 총통 방문 면담 후 타이완 일간지 자유시보 등 2005년 10월 13일자 주요 일간지에 'APEC 특사 볜 총통(천수이볜 애칭) 대신 왕진핑 파견'이란 제목의 기사가 대서특필되었다.

- APEC 회의에 참석하려던 천수이볜 총통을 만류하라는 외교부의 부탁으로 타이베이를 방문, 천 총통을 예방하여 설득한 결과 불참유도에 성공했다.

- 외교부 입부 동기이자 장관이었던 반기문 유엔사무총장과 퇴임식에서 반갑게 인사를 나누고 있다. 반 총장은 외교장관이던 2005년 11월 부산에서 개최되는 아·태경제협력체(APEC) 회의를 앞두고 타이베이를 방문해 참석을 고집하던 천수이볜 총통을 만류해 주도록 부탁하기도 했다.

제5장 타이완에서의 색다른 체험 | 213

약속까지 어긴 약점을 쥐고 있는 터라 의연히 대처할 수 있는 여유를 가졌다. 나는 천 총통의 논리와 심정은 이해하지만 한국에서 모처럼 개최되는 APEC 정상회의가 타이완 총통의 참석을 이유로 중국의 후진타오(胡錦濤) 국가주석이 참석하지 못할 경우 파생될 부작용을 설명하고, 천 총통의 참가 자제 등 부산 APEC 정상회의의 성공적 개최를 위해 협력해 줄 것을 강력히 요청하였다.

이에 대해 천 총통은 자기 주장을 굽히지 않는 듯했으나 나의 요청을 받아들이지 않을 수 없다고 판단한 듯 자기 대신 왕진핑(王金平) 입법원장을 참가하게 하겠다고 한발 물러섰다. 면담이 끝나자 천 총통은 배석자들을 모두 나가게 한 후 나에게 다가와 "윤 대표, 다시 만나 반갑습니다. 타이완 재임 기간 내 복항 문제 해결 약속을 못 지켜 대단히 미안합니다" 하고 중국어로 '바오첸(抱歉, 사과)'하는 것이었다. 중국 사람들은 웬만하면 이런 용어를 쓰며 사과하지 않는 관례임에 비추어 나에 대한 미안함은 진심인 듯싶었다.

나는 "다 지나간 일 아닌가. 그때 사정은 잘 이해한다"라고 간단히 대답하고 나왔다. 나는 오후 타이완 방문 임무를 완수한 것으로 생각하고 모처럼 타이완 교민들과 어울리기 위해 타이베이 근교 골프장으로 향했다. 그런데 대표부 정무과장으로부터 긴급 전화가 걸려왔다. 귀국 일정을 연장해서라도 다시 교섭을 하라는 것이었다.

다름 아니라 천 총통 방문 면담 후 타이완 일간지 자유시보(自由時報) 등 2005년 10월 13일자 주요 일간지에 'APEC 특사 볜 총통(천수이볜 애칭) 대신 왕진핑 파견'이란 제목의 기사가 대서특필돼 나와 천수이볜 총통이 악수하는 사진과 함께 1면 톱으로 보도되었다. 이 기사를 접한 중국 외교부는 주중 대사관에 이의를 제기하며

'왕진핑' 입법원장의 참가도 안 된다는 것이었다.

주중 대사관의 보고와 건의를 받은 외무부는 다시 천수이볜 총통을 만나 왕진핑 입법원장도 안 된다고 하니 다른 하위급 인사로 대체하도록 재교섭하라는 것이다. 서울 출발 직전 반기문 외무장관을 만났을 때는 천수이볜 총통만 아니면 다 좋다고 했는데 갑자기 달라졌으니 황당하기 그지없었다.

대표부 사무실에서 황 대사와 숙의 끝에 천수이볜 총통을 만난 지 얼마 되지 않은데 다시 만나는 것은 외교 관례상 무례이니 외교부장이나 차장 그 이하라도 가능한 인사와 접촉하기로 하였다. 결국 다음 날 아주국장 면담이 이루어졌다. 아주국장은 전날 총통 면담 때 배석하여 상황을 잘 알고 있는 터라 간단히 나의 입장을 표명하였다.

나는 "타이완 일간지 등 언론이 총통과의 면담을 대대적으로 보도하는 바람에 대륙의 극심한 반발로 우리 정부가 난처하게 되었다. 같은 외교 동업자로 부득이 악역을 맡을 수밖에 없게 되었는데 이해해 달라. 왕진핑 입법원장보다 하위직 인사를 다시 지명해 달라"고 하였다. 타이완 외교부 아주국장은 나의 입장을 이해하면서 상부에 보고하여 결과를 알려 주겠다 하였다. 나는 그날 오후 귀국하였다.

주한 중국대사의 오해

베이징 무역대표부 창설 때 친밀한 관계였던 닝푸쿠이(寧賦魁)가 약 1개월 전 주한 중국 대사로 부임했다는 소식이 있어 만나고 싶었다. 중국 대사관 비서실에 방문 면담 신청을 했으나 1개월여 회답이 없었다. 혹시 최근 나의 타이완 방문에 대한 불쾌감의 표시로 면담을 회피하는 것이 아닌가 하는 예감이 들었다.

나는 비서실에 전화하여 한 달 전에 신청한 면담에 대해 가부 회답을 주지 않는 데 대한 나의 기분 표시로 약간 언성을 높여 이야기하고 닝 대사에게 안부를 전해 달라고 하였다. 약 5분 후 비서로부터 전화가 걸려왔다. "오래 기다리게 해서 미안하다. 내일 아침 10시경 대사실에서 면담 약속이 잡혔다"고 하였다.

다음날 오랜만에 닝 대사를 만나 미리 1개월 전 타이완에 다녀온 이야기를 꺼냈다. "우리 다 같은 외교 동업자 입장에서 나라가 필요하다면 개인적으로 좋든 싫든 일단은 따라야 하지 않겠는가. 이번 타이완 방문도 현지 언론의 과장 보도로 충격을 받았을 것으로 짐작되나 나의 개인적 방문이 아닌 이상 오해는 하지 말아 주었으면 좋겠다"고 하였다.

닝 대사는 "사실 부임한 지 얼마 안 된 시점에서 과거 중국과 인연이 깊고 중국의 친구로 생각하던 윤 대사가 타이완을 방문하여 그들을 고무시키는 일에 가담한 데 대해 충격을 받았다"고 실토하면서 한국에 근무하는 동안 친밀한 관계를 지속하자고 답하였다.

 제5장 타이완에서의 색다른 체험

닮고 싶은 타이완 기업인 왕융칭

김영삼 전 대통령이 타이완을 개인 자격으로 방문했을 때 일이다. 타이완의 최대 기업인으로서 세계적 명성을 갖고 있는 왕융칭(王永慶) 타이쑤(臺塑) 회장 초청으로 일행과 함께 오찬 면담을 가졌다.

왕 회장은 우리나라 현대 고 정주영 회장이나 삼성 고 이병철 회장과 비교될 정도의 거물 기업인이며, 중국 정부로부터도 방중 시 국가원수급에 준하는 예우를 받는 분이었다.

나는 타이완 부임 직후 그를 예방 면담하였고 김 전 대통령과 오찬 면담에 참석하여 왕 회장과 몇 차례 대화의 기회를 가진 바 있었다. 평소 언론 등에 소개된 그의 경영철학과 기업가 정신은 존경스럽고 우리 모두의 귀감이 될 만하다고 생각한다.

그는 건강관리도 철저하여 골프 대신 조깅과 매일 정해진 시간에 엎드려 팔굽혀펴기 운동을 지속함으로써 90대 나이에도 회사 내

젊은이들과 어울릴 수 있는 체력을 유지하다가 수년 전 95세를 일기로 타계하였다.

그는 1997년 전후 세계적인 금융위기 때에도 자체 보유 현금자산으로 타이완 남부도시 타이난(臺南) 인근 해안을 매립하여 여의도 면적의 8배에 달하는 공장부지를 조성하고 세계 제일의 석유화학 콤비나트를 건설하였다. 이 공장 건설에 우리나라 삼성건설과 대림산업이 참여해 외화 획득에 큰 기여를 했다.

삼성건설의 경우는 1995년부터 2005년까지 10여 년간 공사에 참여했으며, 당시 김원웅 삼성건설 타이완 지사장이 밝힌 바에 의하면 IMF 금융위기가 최고조에 달했던 1997년 말경에는 매월 미화 3천만 달러 상당의 외화를 우리 국내로 송금하는 개가를 올리기도 하였다. 이러한 애국적인 기업인들의 노력이 있었기에 우리가 IMF 금융위기를 조기에 극복할 수 있었지 않았나 생각한다.

왕 회장은 타이완 혹은 대륙의 정치에는 일체 관여하지 않고 초연한 자세로 기업활동에만 전념하였다. 대륙과도 정경분리 방침으로 일관, 타이완 당국의 대륙정책에는 상관하지 않고 투자활동도 계속함으로써 대륙으로부터도 존경받는 기업인이 되었다.

그는 생전 유산문제에도 확실한 소신을 밝혔듯이 자녀에게는 재산을 상속하지 않고 전문 경영인 체제를 확립해 경영권과 재산권을 넘기는 모범을 보였다.

제6장
말미에 차 한잔 마시며

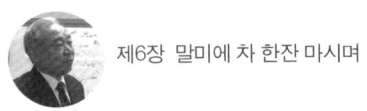
제6장 말미에 차 한잔 마시며

수교 준비 다 해놓고 왜 그리 갔소?

　1993년 상하이 근무 첫해 말쯤인데 베이징 황병태 주중 대사가 중국 주재 총영사 회의를 소집하였다. 당시 상하이에 이어 칭다오 총영사관이 창설된 정도여서 공관수가 몇 개 안 되었다. 선양에는 출장소만 설치되어 있었던 것으로 기억된다. 주홍콩 총영사관 포함 3~4개 지역 총영사 회의가 베이징에서 처음 열리게 된 것이다.
　하루 종일 황 대사 주재로 회의를 마치고 저녁에는 공관장 부부와 대사관 간부 부부가 참석한 가운데 만찬이 있었다. 황 대사가 "윤 총영사는 왜 상하이로 갔소. 중국과 수교를 위해 고생 많이 했다는데 말이요"라며 반문했다. 모두들 출세를 위해 동분서주하는데 나만 정작 다 된 밥을 못 찾아 먹었느냐는 뜻 같았다. 상하이로 나가기 전 주중 대사관 근무 제의를 거절했다는 말을 누군가로부터 들은 듯했다. 나 자신도 늘 마음속에 걸려 번민해 오던 터였는데

2003년 7월 초 주인도네시아 대사로 부임, 메가와티 대통령에게 신임장 제정 후 환담하는 필자의 모습

이런 충고를 들으니 마음이 더 아프고 멋쩍기 그지없었다. 그저 "말씀드리기 어려운 속사정이 있었습니다"라고만 할 뿐이었다.

하지만 지금 돌이켜보아도 건강문제가 있었던 만큼 나의 선택이 틀린 것은 아니었다고 생각한다. 비록 큰 출세는 못했지만 또 다른 중국의 중심 상하이에서 공관장도 하고 주어진 업무에 최선을 다한 결과 나름대로 좋은 업적도 이루었다는 보람과 자부심을 가질 수 있었다.

인생을 '포커' 게임에 비유하면 '하이' 대신 '로'로 갈 수 있지 않는가? 나는 상하이에서 건강도 찾고 출세도 하게 되어 누구 못지않은 행복을 누리고 있다. 상하이 근무를 마치고 주일 공사, 주타이베이 대표, 주인도네시아 대사 등 요직을 담당할 수 있었던 것도 건강이 뒷받침해 주었기 때문이라고 생각한다.

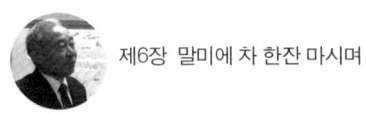 제6장 말미에 차 한잔 마시며

인천아시아경기대회 유치를 위한 중국의 지지를 얻어내다

2006년 6월 30일자로 공직을 마감하고 쉬고 있을 때 외무부 동기인 인천시 산하 국제교류재단 최경보 대표로부터 전화가 걸려왔다. 다름 아니라 인천광역시가 2014년 제17회 아시아경기대회 유치를 목적으로 뉴델리와 막판 경합중인데 중국의 지지와 협력이 절실히 필요하니 도와 달라는 것이었다.

최 대표는 최근 해외 출장 중 중국의 지지 확보를 얻기 위해서는 1990년 베이징아시아경기대회에서 우리 연락관으로 중국의 체육계 인사와 깊은 인연을 갖고 있는 나의 지원이 있을 경우 큰 도움이 될 것이라는 조언을 받았다며 도움을 간청한다고 하였다.

전술한 바와 같이 나는 1996년 3월 중국 상하이에서 귀국하여 그해 9월부터 6개월여 동안 초대 인천광역시 국제관계 자문대사로 일하며 인천에 대한 애정을 갖고 있는 터였다. 또한 인천은 우리나라 제2항구로서 인천의 발전이 곧 우리나라 발전의 원동력이 될 수 있다는 견지에서 적극적으로 지원활동에 임할 의향이었다.

2007년 4월 11일 최경보 대표와 김중현 전문위원과 함께 베이징에 도착하였다. 주중 대사관 문화원을 통해 1990년 베이징아시아경기대회 인연을 맺었던 웨이지중(魏紀中) OCA 스포츠위원장, 투밍더(屠明德) 부위원장, 장위핑(張玉萍) 무술협회 국제부장 등과 사전 연락을 취하였고 도착 당일 오찬에 초청하였다.

초청한 대부분의 체육 인사들은 나와 재회의 기쁨을 같이하기 위해 한자리에 모였다. 나는 베이징아시아경기대회 때 한·중 간의 원만한 상호 협력을 통해서 대회를 성공적으로 마쳤음은 물론 한·중 수교의 실현에 긍정적인 영향을 미친 사실을 회고하고, 이러한 협력 정신에 바탕을 두고 2014년 인천아시아경기대회 유치를 위해 중국이 적극적으로 나서줄 것을 요망하였다.

중국의 지지는 물론 중국의 영향력이 미치는 홍콩, 마카오, 중동 국가들의 지지도 확보할 수 있도록 도와줄 것을 당부하였다. 수일 후 쿠웨이트에서 실시된 투표 결과 압도적인 표차로 인천광역시가 뉴델리를 누르고 2014년 제17회 아시아경기대회를 유치하는 데 성공하였다. 조금이나마 일조를 한 것 같아 흐뭇했다.

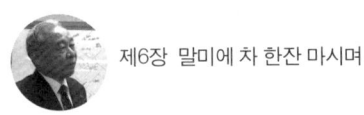 제6장 말미에 차 한잔 마시며

서희 장군의 외교술을 높이 평가한 DJ

상하이 임기를 마치고 본국에서 잠시 근무하다 1997년 주일 대사관 공사로 있을 때였다. 연말 대통령선거를 앞둔 DJ가 한·일 축구전 응원 명목으로 일본을 방문하여 데이코쿠(帝國) 호텔에 묵고 있었다.

그때 김태지 주일 대사가 DJ가 와 있는데 인사나 가야겠다고 하며 같이 가자고 하여 따라나섰다. 호텔방에 들어서니 DJ, 김한길, 정동영 의원이 함께 있었다. 김 대사와 나를 본 정동영, 김한길 의원이 자리를 비켜주어 DJ, 김태지 대사, 나 셋이서 다정하게 담소를 나누었다.

DJ는 3년 전 상하이에서의 기억을 떠올리며 외교관의 임무가 국익 증진을 위해 막중하다는 것을 역사 속 인물의 예를 들어 설명하였다. 그리고 역사 인물 중 가장 훌륭한 외교관은 누구라고 생각하느냐고 물으면서, 자신은 거란 대군을 싸우지 않고 물리치고 강동 6주 지역을 고려 영토에 편입시킨 서희(徐熙) 장군을 가장 높이 평가하며 우리나라 외교관들이 그의 외교술을 본받아야 한다고 말하였다.

　DJ 대통령 취임 후 외교부 산하 국립외교원 구내에 서희 장군 석상과 비문석이 설치되었는데, 이는 DJ 생각이 반영된 것으로 보인다.

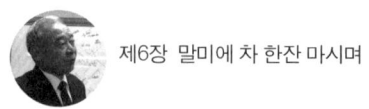 제6장 말미에 차 한잔 마시며

일본에서 IMF 금융위기를 맞다

상하이에서의 3년은 찰나에 지나가는 듯했다. 1996년 3월 본부에 귀임하여 못다 한 아주국장 꿈을 펼쳐보려 했으나 여의치 않았다. 마침 김영삼 대통령 측근인 인천광역시 최기선 시장이 '서해안 시대 인천 발전'이란 기치로 중국과의 교류를 확대하겠다는 시정목표를 제시한 가운데 외무부에 중국 전문 국제자문대사 파견을 요청하고 있었다.

공로명 외무장관이 나에게 인천광역시 자문대사로 가라 하여 몇 개월 외교안보연구원에서 버티다가 마지못해 부임했다. 그때까지만 해도 지방 자문대사로 나간다는 것은 일종의 '좌천'으로 인식되어 모두가 기피하는 대상이었다.

최기선 시장은 듣던 대로 인간적인 매력이 물씬 풍기는 인물이었다. 초대 자문대사인 나에게 기대가 크다며 소신껏 역량을 발휘해 줄 것을 당부하였다. 나도 이에 부응하여 최선을 다할 각오로 임하였다.

최 시장을 수행하여 싱가포르와 중국 자매 도시인 톈진 특별시를 방문하였다. 싱가포르에서는 'IT2000'이란 정보통신산업을 시찰하고 톈진 시에서는 대우그룹과 합자로 초고층 '인천무역센터' 건립을 추진하기로 합의하는 등 교류 협력사업을 적극 확대하기로 하였다.

그리고 최 시장은 나에게 YS 임기말 있었던 중남미 국가 순방 후속조치로 실무대표단을 이끌고 파나마, 칠레, 브라질 등 중남미 국가를 방문하고 오라는 것이었다. 약 3주간의 일정으로 이들 나라 주요도시와 자매결연 의향서 서명 등 교류 확대 강화에 합의하는 등 풍성한 방문 성과를 가지고 돌아왔다.

그런데 갑자기 정태익 외무부 기획관리실장으로부터 전화가 걸려왔다. 유종하 외무장관의 뜻이라 하며 주일 대사관 경제공사로 나갈 준비를 하라는 것이었다. 나는 유 장관을 찾아가 최기선 시장이 노발대발한다고 보고했더니 "대일 무역역조가 더욱 심화되고 있어 시정 대책이 절실히 필요한 이때 당신이 나가서 수고해 주어야겠다"는 것이다.

최 시장에 대한 인간적 의리를 봐서도 1년 이상은 근무하는 것이 도리라고 생각했으나 유 장관의 간곡한 요청에 도쿄 근무를 피할 수 없게 되었다. 결국 1997년 3월 주일 대사관 경제공사로 부임하였다. 인천시가 초대 자문대사인 나를 놓지 않으려 하는 것을 외무장관이 보게 됨으로써 모처럼 지방자치단체에 파견된 자문대사의 존재가치가 새롭게 인식되는 계기가 되었다. 공관장을 하다가 역으

주일 대사관 경제공사로 근무하던 시절 도쿄의 한 행사장에서
천젠(陳建) 주일 대사(유엔사무차장 역임) 등과 환담하는 모습. 필자는 사진 중앙.

로 공관원이 되니 불편도 많았지만 감수해 가며 평소와 다름없이 열심히 일했다.

　대일 무역역조는 구조적인 문제여서 단시일 내 시정이 어렵다는 것은 주지의 사실이지만, 경제부서 주재관들과 합심 노력한 결과 약간 개선 조짐이 보이기 시작했다. 덕분에 반년이 지나면서 유 장관으로부터 격려와 1급(관리관)으로 승진하는 영광도 부여받았다. 그런데 부임 때부터 우리나라 경제에 먹구름이 끼기 시작하였다.

　동남아, 타이, 인도네시아로부터 발단된 유동성 위기가 점점 확산되어 우리나라 경제에 대한 외국인의 우려의 목소리가 들려오기 시작하더니 1997년 하반기에 갈수록 자자해져 갔다. 그해 7월 일본 후쿠오카에서 아시아개발은행(ADB) 연차총회가 개최될 예정이었는데 당시 김태지 주일 대사가 우리 금융 현황에 대한 소문이 심상치 않게 돌아가니 나더러 후쿠오카 ADB 총회에 참석하는 강경식 부총리를 만나 사실 여부를 타진해 보고 우리 대사관이 선제적으로 취할 대책이 있는지 알아보고 오라는 것이었다.

나는 강경식 부총리 일행보다 먼저 후쿠오카에 도착하여 호텔 로비에서 대기하고 있다가 일행을 맞이하였다. 강 부총리가 투숙하는 스위트룸에 올라가 수행해 온 경제기획원 금융정책실 간부들이 배석한 가운데 도쿄 대사관에서 감지된 우리 금융 사정에 대한 현지 시각과 김태지 대사의 당부사항을 전달했다.

그러자 강 부총리는 정색을 하면서 "괜히 이상한 소문이 떠돌고 있는데 전혀 근거 없는 소리이니 신경 쓰거나 걱정할 필요 없다"는 단호한 모습을 보였다. 걱정스런 말을 꺼낸 내가 오히려 민망하였다.

연말이 다가오면서 상황은 악화일로로 치달아 한국에 투자한 외국자본의 이탈이 가속화된다는 소식이 대세였다. 약 235억 달러 정도로 추정되는 일본 단기자금의 이탈 방지에 노력하라는 메시지가 오기 시작하였는데 이미 때늦은 감이 있었다.

좀 더 일찍 손썼으면 호미로도 막을 수 있을 것을 너무 늦어 가래로도 막기 힘든 상황이 되어 버린 것이다. 결국 IMF 금융위기로 우리 국민 모두가 겪은 고통을 생각하면 공직자들의 비전과 책무가 얼마나 중요한지는 다시 말할 나위가 없다.

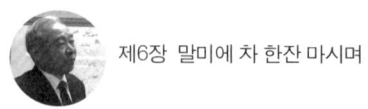
제6장 말미에 차 한잔 마시며

한국 현대차가
독일 벤츠보다 낫다

주상하이 총영사 부임시 공관장 차량인 국산차를 처음 사용하기로 함에 따라 현대 그랜저 1993년 최신형이 상하이에 도착하였다. 당시 상하이에 한국차가 전무한 상태였기 때문에 이 차가 유일한 한국차가 되었다. 색깔은 진한 초록색이고 보닛 위에 솟아나온 현대차 상징마크는 진한 황금색 도금이 되어 있어 상하이 시내를 주행할 때 많은 사람들의 시선을 끌기에 충분하였다.

그런데 한 가지 고민거리가 생겼다. 현대차 상징마크를 계속 도난당하는 것이었다. 본사에 다섯 번 주문하여 재부착하였으나 모두 도난당했다. 한적한 곳에 주차해 두면 비양심적인 수집가들이 상징마크를 무리하게 비틀어 뽑아가기 일쑤였다. 궁리 끝에 분리형 마크를 특별 제작하여 운전기사가 보관하다가 운행할 때 나사를 조여 다시 부착하는 방식을 고안해 보았다. 당시 중국인들 사이에 벤츠 등 세계적 명차들의 심벌마크는 인기 수집 대상이었고 현대차의 경우 황금색으로 더욱 인기가 있었다.

그런데 상하이 시 외사판공실이 주관하여 인근 지방도시와 협력, 산업 시찰 등 일정을 주선하는 행사를 가졌는데, 주상하이 독일 총영사와 함께 쑤저우(蘇州) 시 경제개발구 투자 유치 설명회에 참가할 일이 있었다. 각자 승용차편으로 독일 총영사는 벤츠를 타고 먼저 도착하였고, 나는 바로 옆에 나란히 주차하게 되었다. 먼저 도착한 독일 총영사가 나의 차량을 보고 한국 현대차 같은데 성능이 어떠냐고 묻기에, 나는 자랑하고 싶은 충동이 생겨 "현대 그랜저 신형인데 타 보니 귀국의 벤츠보다 성능이 우수한 것 같다"면서 엄지손가락을 펴보였다.

좀 오버한 것 같았으나 대답해 버린 뒤라 어쩔 수 없었다. 독일 총영사는 그 말을 듣고 웃으면서 그러냐고 하였다. 차량 성능에 있어 벤츠는 이미 세계적으로 공인된 차량이고 우리 현대차는 그에 비하면 아직 걸음마 단계였는데 내가 너무 나간 것이 아닌가 생각되었다. 독일 총영사는 나의 대답에 동의하면서도 마음속으로 어떻게 생각했을까 하는 부담이 나를 짓눌러 왔다. 그 뒤 만날 때마다 솔직히 고백하고 싶은 심정이었으나 자존심 때문인지 그냥 지나갔다.

그리고 몇 년이 지나 내가 상하이 임기를 마친 후 일본, 타이완을 거쳐 서울시 국제관계 자문대사로 근무할 때 일이었다. 2002년 한·일 월드컵이 개최되고 이명박 시장이 취임한 직후, 아시아 대도시 시장 회의가 인도 뉴델리에서 개최되었다. 이 시장이 취임 초여서 시정 업무파악에 바빠 내가 시장대리로 인도 뉴델리 회의에 참석할 기회를 갖게 되었다. 주인도 대사관 직원의 안내를 받아 시내를 관광하는데 현대 소나타가 여기저기 눈에 띄었다. 반가워서 대사관 직원에게 "저 차가 현대 소나타 아닌가"라고 물었더니 직원은 그렇다고 하면서 "현대 소나타는 인도인들이 가보처럼 귀하게 여기는 차이며 일본 도요타보다 더 선호할 뿐 아니라 독일 벤츠와 거의 맞먹는다"고 대답하였다.

이 말을 들으니 몇 년 전 중국 상하이에서 독일 총영사에게 한국 현대차의 성능이 독일 벤츠차보다 낫다고 했다가 심적 부담을 갖게 된 기억이 되살아나는 것이었다. 이제야 그 심적 부담이 다소 해소되는 듯했다.

오늘에 와서는 한국 현대차의 성능이 크게 향상되어 세계 각국 시장에서 인기 차종이라는 뉴스가 보도될 때마다 감사한 마음에 가슴 뿌듯함을 느낀다.

맺는말

한·중 수교에 이르기까지 20년, 수교 후 20년, 도합 40년 세월을 회상하면서 보낸 시간은 하루가 어떻게 지나가는지 모르게 빨리 지나갔다. 시간이란 원래 상대적이라는 것은 알고 있지만 한 곳에 집중하며 몰입할 때 느낌은 달랐다.

이 회고담을 쓰면서 오래 전 일들을 기억해 내자니 과연 잘 될까 하는 걱정도 있었지만, 한 단계 한 단계씩 돌탑을 쌓아가는 심정으로 정리하고 보완해 나가니 어느덧 마무리 단계까지 오게 되었다. 구슬이 서 말이라도 꿰어야 보배라는 옛말도 생각났다. 나 자신 기계에 견줄 수 없는 인간 두뇌의 신비성을 재발견하게 되었다. 주변의 권유로 감히 시작했지만 잘했다는 생각이 든다.

긴 역사의 흐름 속에서 내가 관여했던 한·중 수교에 이르는 과정과 수교 이후 구간은 시대적으로 냉전구조가 완화되고 새로운 국제질서가 형성되는 전환기였다. 한국과 중국은 인접국으로서 지정학적 위치 때문에 상호 밀접한 교류와 협력이 유지되어야 할 대상이다.

분단국 입장에서 우리는 더욱 그러하다. 수교 이전에는 중국이 소극적이어서 우리가 적극적으로 구애해야 하는 처지였다. 따라서 다소 저자세라 할 만큼 양보하고 감수하는 수밖에 없었다.

처음에는 중국이 갖지 못한 자본과 기술을 바탕으로 한 경제력

우위로 지렛대 행사를 할 수 있었다. 그러나 1992년 수교가 이루어지고 나서는 우리 입장도 달라져야 했다.

중국이 한국과 수교를 촉진하게 된 요인은 경제적 이득, 타이완과의 단교 유도였다. 그러나 최근 중국의 경제력이 향상되어 자본과 기술을 모두 갖추게 되었고, 또한 타이완과의 양안관계도 해빙 교류가 활발해진 이상 우리의 지렛대 행사도 어렵게 되었다. 그래서 더욱 고도의 전략전술이 필요하게 되었다.

우리가 원칙을 가지고 중심을 잡고 설득력 있게 대처했으면 좋겠다. 외교를 하다 보면 때로는 상대방에게 얼굴을 붉힐 필요가 있을 때는 붉혀야 하며, 회담에서 터무니없는 무리한 주장을 펼 때 결렬도 불사할 수 있어야 한다. 중국도 대국다운 면모를 보이려 하는 만큼 우리의 정당한 주장에는 순응할 수밖에 없을 것이다.

한·중 수교는 10주년까지만 해도 쾌속 순항해 왔으나 2000년대에 접어들면서 상호 호혜 협력에 금이 가는 조짐이 엿보이기도 했다. 2002년 한·일 공동 월드컵 축구대회 당시 일부 중국 언론의 질시 어린 보도 태도와 베이징 등지에서 한·중 대학생들의 충돌, 동북공정(2004년), 베이징올림픽 성화 봉송 행사 중 중국 유학생들의 난동(2008년 서울) 등 갈등적이고 부정적인 측면이 심화되기에 이르렀다.

또한 2010년 천안함 폭침 당시 북한을 두둔하는 중국의 자세, 중국 어부들의 불법조업 단속, 해경 살해사건 등으로 국민의 대중 반감이 첨예화되고 있다고 해도 과언이 아니다.

수교 20주년이 되는 오늘날 양국 관계의 안정적인 발전을 위협하는 요인들이 눈에 띄게 늘고 있는 상황에서 2011년 12월 김정일 북한 국방위원장이 사망하고 국정운영 경험이 극히 부족한 20대의 김정은 시대가 본격 개막되면서 한반도 상황은 한층 불확실해졌다. 이런 상황에서 북한의 핵무기 등 대량살상무기(WMD) 통제 등을 통한 한반도를 비롯한 동북아시아의 안정과 평화를 위해서라도 한국과 중국 간 협력 강화와 이해 증진이 더욱 필요하게 됐다.

아시아 태평양 시대로 상징되는 21세기 동북아시아의 중심국가로서 양국이 공유하고 있는 전략적 공동이익을 한층 발전시켜 나가기 위해서는 양국이 서로를 필요로 하면서 접근했던 20여 년 전을 되돌아보면서 또 다른 20년을 향한 비전을 세워 나가야 할 것이다. 이를 위해서는 양국 국민이 갈등의 소지를 화학적 결합으로 메우고, 부정적인 인식을 긍정적인 측면으로 바꾸어 나가려는 적극적인 노력이 필요한 시점이다.

금번 한·중 수교 20주년에 즈음하여 우리 문화체육관광부 초청으로 중국의 베이징, 상하이, 홍콩, 광저우, 청두 등 5개 지역으로부터 30~40대 젊은 언론인 16명이 4월 1일부터 일주일간 방한하였다. 이들의 희망에 따라 방한 첫 일정으로 4월 2일 오후 신라호텔 3층 메이플룸에서 한·중 수교 인사 인터뷰가 주선되어 내가 시간 반 동안 수교 당시 상황과 외교관으로서의 중국 생활체험, 한·중 관계의 미래 전망에 관해 설명하고 이어 질의응답이 진지하게 진행되었다.

나는 새로운 20세기 한·중 관계 발전을 위해서는 양국 젊은이들이 힘을 합쳐 수교 당시 발휘된 우호협력 정신을 계승 발전시켜 나가야 할 것이라고 강조하였다.

또한 이 원고를 마지막 손질하고 있는 참인데 7월 16일 과거 외교부 후배 동료였던 박인국 SK한국고등교육재단 사무총장(주유엔대사 역임)으로부터 한·중 수교 20주년 기념 국제학술회의를 7월 19일

해외문화홍보원이 주관한 한·중 수교 20주년 기념 중국 언론인 초청 간담회에 참석하여 수교 당시 경험담을 나누었다.

부터 20일까지 개최하는데 꼭 참석해 달라는 전화가 왔다.

 이유인즉 이 학술회의에 중국 런민대학 청톈취안(程天權) 당서기가 참석할 예정인데 내가 주상하이 총영사 재임 시 그가 상하이 푸단대에 근무하며 나와 교분을 쌓아 한국과 인연을 맺게 되었다면서 꼭 만나보기를 원한다는 것이었다.

 나는 반가운 마음으로 다른 선약을 취소하면서까지 국제학술회의에 참석하여 20년 전 옛 친구와 해우의 기쁨을 나누었다. 청톈취안 당서기는 학술회의 개막 기조연설에서 나의 이름을 직접 거명하며 다음과 같이 언급하였다.

SK한국고등교육재단이 주최한 한·중 수교 20주년 기념 국제학술회의에서 다시 만난 중국 런민대학 청톈취안 당서기와 함께

(전략) "1989년 저는 미국에서 중국 상하이로 돌아가던 길에 한국을 경유하게 되었습니다. 비행기에서 처음 내려다본 서울은 저에게 큰 인상을 남겨주지 못했습니다. 당시 한국과 중국은 지리적으로 가까운 이웃 국가임에도 교류가 거의 없어 서로에 대해 알지 못했습니다.

1992년 한국과 중국은 정식으로 수교를 맺고 서로에게 향하는 길을 열었습니다. 한국은 베이징과 상하이에 대사관과 영사관을 각각 세웠습니다. 상하이대학교 교무위원회 주임을 맡고 있던 저는 당시 상하이 총영사셨던 윤해중 선생님과 교분을 쌓게 되었습니다. 높은 식견을 가진 외교관이셨던 윤 선생님께서는 한국 비자 발급비로 학자들의 방문 교류를 지원하는 기금을 설립하셨습니다. 상호 교류를 통해 저희는 인적 교류와 비즈니스 거래를 서두르는 것이 양국의 우의 증진과 경제 문화 발전에 도움이 된다는 사실에 공감을 하게 됐습니다.

당시 상하이에 600개 한국 기업의 중국 사무소가 설치되는 것을 보면서, 저는 한국과 중국이 아직은 서로에 대하여 제대로 알지 못하고 있다고 느꼈습니다. 한국과 중국은 서로에 대해 깊이 알지 못했고, 알고자 손을 내밀었지만 수확이 없었던 것입니다. 그리고 이 난감한 상황을 타개하기 위해 대학이 역사의 수레바퀴를 굴려야 할 때라고 생각했습니다. 그래서 윤 선생님께 푸단대가 앞장서서 비즈니스 교육과정을 개설하는 것은 어떻겠냐고 제안했고, 선생님께서는 크게 공감하며 흔쾌히 협조해 주셨습니다.

비즈니스 교육과정의 목적은 중국에 있는 600개 한국 기업의 직원들이 상하이와 중국을 이해할 수 있도록 돕는 것이었고, 교육과정은 중국의 문화전통과 상하이의 인문 환경, 법률규정, 세수정책 소개와 상하이에서 비즈니스를 시작하는 방법, 질의응답, 현장견학 등으로 구성되었습니다. 양측의 공동 노력으로 2년이 채 안 되는 기간 동안 여러 번의 교육과정이 진행되었고, 상하이에 주재하고 있는 한국 기업들 사이에서 좋은 반응을 얻게 되었습니다.

600개의 주중 사무소가 상하이에서 600개 이상의 회사를 세웠고, 비즈니스 활동과 외환 업무는 날이 갈수록 활발해졌습니다. 일부 회사는 저희에게 고마움의 표시로 냉장고와 자동판매기 등 한국 제품을 선물해 주기도 했습니다. 윤 선생님께서도 이를 중요한 외교적 성과라 여기셔서 한국 외교부에 보고를 하셨습니다.

저와 한국의 인연은 그 후에도 이어졌습니다. SKY라 불리는 서울대학교, 연세대학교를 비롯하여 이화여자대학교, 계명대학교, 포항공대 등 한국의 유수 대학을 방문해 학자, 학생 교류 협력관계를 맺고, 매년 학자들을 파견해 서로간 학술회의에 참가토록 했습니다. 제가 푸단대에 몸담고 있는 동안 한국인 유학생은 가장 많은 수를 차지하고 있었습니다. 저를 맞이해 주셨던 이화여대를 졸업한 한국 교육부의 한 부장께서는 저를 역사에 길이 남을 일을 많이 한 한·중 우호대사라 평가해 주시기도 했습니다."[25](후략)

나는 1993년 주상하이 초대 총영사로 재임하는 동안 학술교류를 통한 우호협력 관계 증진에 매진했던 기억은 있지만, 중국 측이 이처럼 상세하게 그 당시 나의 행적을 기억하며 감사한 마음을 깊이 간직하고 있다는 데 깊은 감명을 받았다. 과거 한번 맺은 인간적 유대와 의리를 중시하는 중국인의 미덕을 다시 한 번 가슴 깊이 느꼈다.

또한 남이 알아주든 말든 개의치 않고 묵묵히 자기 일을 했을 때 나중에 보면 자연스럽게 알아주는 사람이 있다는 엄연한 진실도 다시 터득하게 되었으며, 한·중 관계 발전을 위해 오랫동안 힘써 온 보람을 느끼는 순간이었다.

이번 청뎬취안 당서기를 통해 20여 년 전 베이징과 상하이에서 교분을 쌓았던 인사들의 안부도 전해 들었다. 앞으로 이들과의 네트워크를 활용하여 요즘 화두가 되고 있는 공공외교(公共外交, Public Diplomacy)의 일역을 담당해 보려는 다짐도 스스로 해 본다.

---

25) 청뎬취안 중국 런민대학 당서기. SK한국고등교육재단 한·중 수교 20주년 기념 학술회의 자료집 「한국에서 살아본 중국 학자가 보는 한국」 기조연설. pp.11~12

참고문헌

서적

- 박사명, 『동아시아의 새로운 모색』, 이매진, 2006
- 송승엽, 『중국 개혁개방 30년 - 꿈꾼 것과 얻은 것과 잃은 것은』, 휴먼비전, 2008
- 이상옥, 『전환기의 한국외교 : 이상옥 전 외무장관 외교 회고록』, 삶과 꿈, 2002
- 장원링(張蘊嶺), 『미래 10-15년 중국의 아태지역에서 직면한 국제환경』, 중국사회과학출판사, 2003
- 첸치천, 『외교십기(外交十記)』, 세계지식출판사, 2003
- 하현봉, 『새롭게 알아야 할 중국, 중국인』, 선우미디어, 2011
- 한성호, 『중한우호의 전기인물 한성호』, 흑룡강 조선민족출판사, 2007
- 한용섭, 『미중 경쟁시대의 동북아 평화론 : 쟁점, 과제, 구축전략』, 고려대아세아문제연구소, 2010
- 홍덕화, 『두 개의 중국과 실리외교』, 자작아카데미, 1998
- 야야마 타로(屋山太郎), 『일본은 왜 한국과 중국에 늘 놀림(誉, 나메루)을 당하는가』, 扶桑社, 2005

잡지·자료집

- 국가안보전략연구소, 「김정은 체제 출범 이후 북한의 미래 전망」, 2012
- 외교통상부, 「외교백서」(2005)
- 외교통상부, 「중국개황」(2005. 11)
- 한국외교협회, 「외교」(2012. 1)
- 한국외교협회, 「전환기의 미·중 관계와 한국외교, 무엇이 문제인가?」
- SK한국고등교육재단, 「한국에서 살아본 중국 학자가 보는 한국」(2012. 7)